はじめに

こんにちは、行政書士の小島健太郎です！

筆者は、出入国在留管理局へのビザ・在留資格申請を専門に行政書士の仕事をしていますが、国際結婚に関するビザ・在留資格の問合せも多くいただきます。「国際結婚したので妻のビザを取りたい」とか、逆のパターンの「外国人の夫のビザを取りたい」というものです。特に、最近は、「自分で申請したけど不許可になった。再申請を依頼したい」という問合せも増えています。

国際結婚では、中国人、韓国人、フィリピン人の方と結婚する方が比較的多いようです。他にも台湾、香港、タイ、ベトナムとか、東南アジアの方と結婚される方もいらっしゃいます。男性は、アジアの方と結婚するケースが多く、女性の方は、欧米の方のほうが多い気がします。

日本人と結婚した外国人が日本に住むためには、「日本人の配偶者等」というビザ、つまり在留資格を取る必要があります。これは、「婚約者」の状態では取れませんので、必ず入籍する必要があります。ビザ申請は、入籍してから申請する流れとなるのです。ですので、逆にいえば、入籍したのにビザがもらえない、ビザが不許可になったというケースも発生する可能性があります。

国際結婚自体は、手続的に必ずできますが、「日本人の配偶者ビザ」は結婚したからといって必ずもらえるわけではないのです。入籍したがビザが出ないなどということになったら、最悪です。日本に一緒に住めないのですから……。

なぜ、不許可になる可能性があるかというと、出入国在留管理局の審査で落とされるからです。というのも、ビザ取得目的の偽装結婚が多いからです。

したがって、ビザを取るためには、「私たちの結婚は、正真正銘の結婚であって、偽装結婚ではない」という判断をしてもらうために、しっかりと資料を準備して申請する必要があるのです。

加えて、アジアの方との結婚は、欧米の方との結婚に比べて審査が厳しいと実感させられます。それは、アジア出身の外国人の方のほうが、過去、偽装結婚が多かったからだと思います。

本書では、国別の国際結婚手続の方法と、結婚後の出入国在留管理局への在留資格申請について具体的な事例を多く取り入れ重点的に解説しています。本書でスムーズに手続を進め、日本での幸せな結婚生活をお送りください！

平成27年11月

小島　健太郎

改訂版　はじめに

法改正に伴い、2019年4月1日をもって、旧来の「入国管理局」が「出入国在留管理局」へと名称が変わるとともに、関連様式等にも変更が行われています。それらを盛り込んで版を改めました。

令和元年4月

小島　健太郎

※「在留資格」と「ビザ・査証」は厳密には違うものですが、本書ではわかりやすくするため在留資格とビザを混同して表現しています。専門家の方にとっては突っ込み所かもしれませんが、読みやすくするためですのでなにとぞご了承ください。

改訂版　必ず取れる日本人の配偶者ビザ！　国際結婚手続ガイドー国別の国際結婚・入管手続　目次

第2章　まずは国別の国際結婚手続を把握しよう！

第3章 入管申請の基礎知識

第4章 入管申請書類作成ガイド・マニュアル

第5章　入管申請の実例でコツをつかもう！

第6章　不許可になりやすいケースの対応策

第1章　国際結婚をしたいと思ったら
（基礎知識）

1　国際結婚の手続は難しい？

外国人と日本人との結婚ですから、日本人同士の結婚とは全く異なります。日本人同士の結婚ならば、婚姻届を市区町村役場に出すだけですが、外国人と日本人の国際結婚の場合は、日本で婚姻手続をして、さらに外国人配偶者の母国でも婚姻手続をすることが必要です。

日本だけで婚姻手続をしても、相手国では未婚のままになってしまいます。さらに、婚姻手続後の「日本人の配偶者等」の在留資格申請に当たっては、両国で婚姻済みであることが基本的要件です。日本に夫婦２人とも住んでいるなら、まずは日本での婚姻手続から始めるのが普通です。ただし、日本で先に婚姻手続をするにしても、手続に当たっては、外国人配偶者の母国の各種証明書が必要になってくるのが一般的です。

この外国書類の取得が難しいと感じてしまうかもしれません。どんな書類をどこで集めるのだろう……と。

それは、国によって全く異なりますが、一般的には、相手国が発行した婚姻要件具備証明書、出生証明書などになります。多くは在日の相手国大使館や領事館で取得できます。基本的には、必要なのは、外国人配偶者が独身であることの証明書になります。そして、それらは外国語で書かれていますので、日本語の翻訳文を添付し、さらに翻訳者の署名をしなければなりません。

逆に、日本人側は日本に住んでいて、外国人側が外国に住んでいる場合は、日本人が外国で行って外国で先に婚姻手続を行うことのほうが多いようです。

いずれにしても、手続は、日本人に比べて煩雑であることは変わりありませんが、国別の婚姻手続について後のページで説明をしますので参考にしてください。

入管への在留資格申請は行政書士に依頼する方も多いですが、婚姻手続に関してはご自身で頑張って行っている方のほうが多いと感じます。

婚姻手続については、外国人の出身国によって用意すべき書類がかなり違いますし、改正なども行われますので、婚姻手続に当たっては、相手国の日本大使館（領事館）と市区町村役場に確認しながら手続を進めるのが賢明です。

2　国際結婚と在留資格（ビザ）

国際結婚を手続の観点から見ると、外国人配偶者の国別の「婚姻手続」と日本で滞在する資格である「在留資格（ビザ）」を取得する手続という2つの面があります（図表1参照）。

夫婦が日本で生活をするという前提で考えると、国際結婚の手続と在留資格の手続は全く別物です。

国際結婚の手続でお世話になる役所は、主としては市区町村役場、法務局、大使館・領事館です

【図表１　国際結婚の手続】

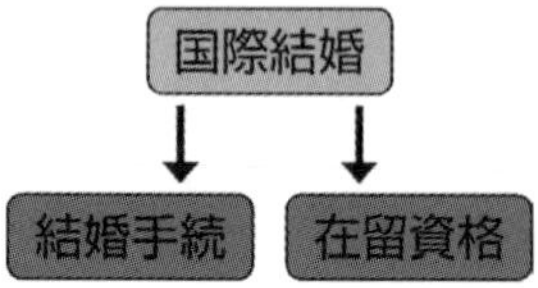

が、在留資格とビザは出入国在留管理局と大使館（領事館）です。役所の管轄がそれぞれ違うために、有効に婚姻が成立したところで、在留資格が認められるかどうかは全く別物であるという現実が、手続の面で複雑になっているところだと思います。

適法に「在留資格」を取得しなければ、国際結婚をしたところで日本には住めません。（日本人が外国に住む場合は別です）

国際結婚手続にしても、外国人配偶者の国によって手続が全く異なりますので、煩雑さが増しています。

3　婚姻要件具備証明書とは

婚姻要件

国際結婚をしようとする人にとって、婚姻要件具備証明書が必要になることが多いです。おそらくほとんどの人は、初めて聞く言葉でしょう。

そもそも「婚姻要件」とは、何でしょうか。婚姻要件とは、日本人の場合は、男性は18歳以上、女性は16歳以上でなければ結婚できません。結婚に関するこれらの制限を婚姻要件と呼んでいます。

婚姻要件は、世界各国によって違います。日本は18歳と16歳ですが、20歳以上と定めている国もあります。

したがって、外国人がそもそも婚姻要件を満たしているかどうかは、その外国人の国の法律で決められています。これから結婚しようとする人が婚姻要件を満たしていることを証明した書類のことを「婚姻要件具備証明書」といいます。

日本人の婚姻要件具備証明書の取得方法

日本人の婚姻要件具備証明書は、法務局で発行しています。通常は、出張所では発行していませんので、最寄りの本局か支局へ行く必要があります。事前に法務局に婚姻要件具備証明書の発行をしているか確認を取り、持って行くものを聞いておくことをおすすめします。

日本人の婚姻要件具備証明書（法務局発行）を配偶者の母国の役所に提出する場合は、通常、さらに日本の外務省の認証を受けなければなりません。

日本で先に婚姻届を出す場合は、日本人の婚姻要件具備証明書は通常必要ありませんが、日本人が外国へ行って外国で先に婚姻手続をする場合は、事前に婚姻要件具備証明書を用意して渡航しなければなりません。

例えば、中国在住の中国人と結婚したい場合に、先に中国で入籍するのであれば、「婚姻要件具備証明書」を取得して持って行かなければなりません。婚姻要件具備証明書は、日本人が外国で結婚する場合に、日本人が「日本の法律では婚姻要件を備えている」ことを証明する書類です。

婚姻要件具備証明書がないと、外国の役所では、日本人が結婚手続に来たとしても日本の法律ではその日本人は結婚できる資格があるのかどうかわかりません。例えば、年齢の問題だったり、既婚・未婚の有無だったりとなります。

この婚姻要件具備証明書は、市区町村役場や法務局で取得できますが、ほとんどの国では法務局が発行したものを婚姻要件具備証明書として認めていますので、法務局で取得した婚姻要件具備証明書を持って行くようにしたほうが間違いがないと思います。

取得するために持参しなければならないものは、①戸籍謄本、②印鑑、③運転免許証などの身分証明書、④結婚相手の国籍、氏名、生年月日、性別などの個人情報です。

法務局によっては持参書類等が異なる場合があるので、婚姻要件具備証明書を取得する際は、必ず最寄りの法務局に電話確認することをおすすめします。

無事、婚姻要件具備証明書を取得できても、これで終わりではありません。この婚姻要件具備証明書を日本の外務省へ持って行き、認証を受ける必要があるのです。

認証手続を行っているのは、東京の霞が関にある外務省領事移住部政策課証明班という窓口になります。そして、外務省の認証が終わった後に、結婚相手の国の大使館（領事館）の認証が必要になる場合も多いです。

例えば、中国人と結婚する場合は、東京の六本木にある中国大使館（領事館）でさらに認証を受ける必要があります。

まとめると、法務局で婚姻要件具備証明を取得→外務省で認証→結婚相手国の在日大使館で認証という大変な手続となります。

外国人の婚姻要件具備証明書の取得方法

婚姻要件具備証明書は、国によって取得方法に違いがあります。したがって、事前に大使館（領事館）のホームページで確認するか、それでもわからない場合は電話で確認したほうがよいでしょう。

婚姻要件具備証明書を取得するにあたって出生証明書や独身証明書を添付するように指示されている場合もあります。その場合は、事前に本国から取り寄せておく必要があるということになります。日本で先に婚姻手続をする場合は、多くは外国人側の婚姻要件具備証明書が求められます。

4　外国人の再婚・待婚期間とは

再婚の待婚期間

男女が結婚する場合、再婚のときは女性だけには制限があります。それは「待婚期間」というものです。再婚禁止期間ともいいます。

男性はそんなことはないのですが、女性は離婚後、100日を経過しなければ再婚ができません。ただし、女性が前婚を解消した時点で懐胎していなかった場合、または前婚解消後に出産した場合は、100日を経過していなくても再婚できます。なぜ、女性だけこのような制限があるかというと、子どもができた場合に、前夫の子か、後夫の子かを簡単に判別するためです。

これは、国際結婚の場合も当てはまります。日本人と外国人が結婚する場合、外国人女性の母国ではこのような100日の待婚期間が法律になくても、日本人と結婚する以上日本の法律が適用されます。

「日本人の配偶者等」の在留資格を持っている外国人女性が、前の日本人と離婚して、日本にいたまま別の日本人男性と再婚した場合の手続は、次回の更新時に「在留資格更新許可申請」を行うことになります。この場合、手続は「更新」ですが、日本人配偶者が変わっており、手続の中身は実質新規で申請する場合と同じ審査内容となります。

したがって、更新申請で求められている提出書類よりも多く、新規申請と全く同じですので、十分に注意して申請する必要があります。

待婚期間中に在留資格の期限が切れる場合の対処法

外国人女性が、日本人の夫と離婚した場合に、既に再婚相手と再婚する予定の場合、前回の離婚から１００日を経過しないと再婚ができません。

　前の夫と離婚し、日本人の新しい再婚相手と結婚する予定があり、すぐに結婚できればビザは問題はないものの、再婚禁止期間が１００日もあるため、その期間にちょうど現在の日本人配偶者ビザの期限が来てしまうという状況が発生する場合があります。

　しかしながら、既に前夫と離婚しているため、配偶者ビザの更新手続はできないということになります。

　その場合に、いったん帰国するという選択肢を取りたくないときは、「短期滞在」に変更できるように申請を試みることをおすすめします。

ただし、短期滞在は90日が限度です。再婚禁止期間は１００日ありますので、仮に90日でも足りない場合は、再度短期滞在の延長を試みます。うまくいけば合計１８０日になりますので、１００日の再婚禁止期間を待つことができます。

　再婚禁止期間が終われば、婚姻届が提出できますので、それから日本人の配偶者の申請をするという流れになります。

　もっとも、短期滞在に必ず変更できるという保証はできません。婚約者と同居していることは必要でしょう。同居が絶対条件というわけではありませんが、同居しているほうが短期滞在を認められやすいということです。同居していない場合は、いったん帰国して「認定証明書交付申請」で呼び寄せの手続を強く案内されるかもしれません

5　日本人の配偶者ビザの内容って何

国際結婚をした場合、外国人配偶者は、「日本人の配偶者等」の在留資格を取得するのが普通です。在留資格の正式な名称は、「日本人の配偶者等」で、「等」がついています。つまり、この在留資格は、配偶者だけに限らないということです。「等」の中には、子や養子も入ります。「日本人の配偶者等」の内容を、詳しく見ていきましょう。

日本人の配偶者

配偶者とは、有効に婚姻している者で、内縁関係は含まれません。また、離婚や死別している場合も含みません。

さらに、有効に婚姻している者でも、同居、相互扶助、社会通念上の夫婦の共同生活を営むといった「実体」がないと、在留資格は認められません。つまり在留資格が許可されないということです。

偽装結婚とは、法律上は有効に婚姻していますが、夫婦の実体のないことをいいます。つまり、在留資格（ビザ）目的で法律的に結婚しただけで夫婦の実体はないということです。

したがって、出入国在留管理局は、偽装結婚での在留資格取得を防止するために、単に結婚をしただけでは在留資格の取得を認めず、夫婦の実体を証明資料とともに説明するように申請者に求めています。

日本人の子として出生した者

日本人の子として出生した者とは、簡単にいえば「実子」です。日本人の子どもでさえあればよいので、結婚していない日本人との間に生まれた子でも「日本人の配偶者等」の在留資格が取れます。認知のみでよいということです。

特別養子

特別養子とは、普通の養子とは違います。６歳未満であり、生みの親と法的に身分関係がなくなるなどの要件を満たして、家庭裁判所で手続するのが特別養子です。単なる養子では、日本人の配偶者等は取得できません。

6　日本人の配偶者ビザ申請で同居は必要？

日本人の配偶者ビザを取得するに当たっては、夫婦の同居が実務上重要視されています。したがって、新規で申請するときやビザ更新時に同居をしていないときについては、細心の注意を払い、出入国在留管理局へ文書で説明をする必要性が生じます。

呼び寄せ（認定）の場合は、外国人配偶者は海外にいる前提なので、同居「予定」であるということになります。

確かに、夫婦関係は、それぞれの夫婦で形が変わりますし、週末婚や通い婚というものも存在しています。少数派ではあると思いますが、一番多い別居の形は単身赴任でしょう。

ただし、配偶者ビザを取るという前提で考えますと、週末婚や通い婚は、避けることをおすすめします。いきなり不許可にされるか、そうでなくとも相当突っ込まれます。

単身赴任でさえも、別居という事実がある以上、相当の注意が必要になります。逆にいえば、単身赴任しなくても、夫婦2人で配偶者の勤務地近くに住むという選択肢があるにもかかわらず、配偶者の一方だけ単身で赴任することになった合理的理由が必要になるということです。

結論をいえば、出入国在留管理局は、夫婦の同居を常識のように押しつけている側面がありますが、それは現在もなお偽装結婚で配偶者ビザを取ろうとする人がいるからです。

偽装結婚に愛はなく、愛のない2人が同居するのは苦痛のはずです。それが偽装結婚によるビザ取得の犯罪を防いでいる側面もあるのです。

7　国際結婚と名字の変更

日本人同士が結婚した場合、通常、女性の名字は、男性側と同じにします。もちろん、逆のパターンもありますが、いずれにしても日本人同士は戸籍が一緒になるため、名字がどちらか一方の名字に統一され、夫婦は同じ名字を使うことになります。

ちなみに「夫婦別姓」は、以前ニュースで取り上げられていましたが、現時点では法改正がないため、夫婦別姓は認められていません。

日本人女性が外国人男性と結婚した国際結婚の場合、外国人は戸籍がないため、日本人女性は結婚前の本名の名字を使い続けることになります。つま、結婚しても名字は変わらなく、別々だということです。

しかしながら、「結婚したら名字を統一したい！」と思った場合は、結婚から6か月以内に「外国人配偶者の氏への氏変更届」を提出することにより、日本人は外国人配偶者の名字を使うことができます。それにより、戸籍の名前の名字が変わります。子どもが生まれた場合も、子どもの名字も親と同じになります。

そして、仮に離婚した場合には、自然と元の名字に戻るわけではありません。３か月以内に氏変更届を出す必要があります。

逆に、外国人女性が名字を日本人男性の名字にしたい場合は、「通称名」の変更申請をすればできます。これは、あくまでも通称名としての位置づけで、外国人の本名自体は変わりません。

国際結婚をしたカップルは、名字は統一しても、別々のままでもどちらでも選択できるということになります。

8　国際結婚と戸籍謄本

日本人と外国人が国際結婚した場合、戸籍にはどのように記載されるのでしょうか。

まず、日本国民には、「戸籍」というものがあります。

日本人ではない外国人は、日本には「戸籍」がありません。簡単にいえば、日本人は戸籍謄本を取れますが、外国人は戸籍謄本は取れません。

結婚前、つまり未婚の日本人は、両親の戸籍に入っています。そして、結婚すると、両親の戸籍から抜けて、新しい戸籍ができます。

両親の戸籍から抜けることを「除籍」といいます。

国際結婚をすると、両親の戸籍から抜けて、あなた1人の戸籍ができます。日本人男女の夫婦の場合は、どちらも日本人なので、2人が一緒に入っている戸籍ができます。

しかし、外国人と結婚した場合は、日本人であるあなた1人の戸籍ができます。外国人配偶者は、戸籍がありませんが、その戸籍謄本の身分事項欄に外国人配偶者の氏名や国籍が記載されることになり、これで婚姻しているという状態がわかります。

あくまでも外国人配偶者の戸籍謄本はありません。ちなみに住民票は、外国人もありますので、住民票は日本人と同じく取得できます。

9　在留カードとは

在留カードとは、中長期滞在者である外国人が常時携帯する義務のある免許証サイズの身分証明書です。出入国在留管理局が発行しています。

在留カードには、氏名、生年月日、性別、国籍・地域、住居地、在留資格の種類、在留期間及び在留期間の満了日、許可の種類及び許可年月日、在留カード番号、交付年月日及び在留期間の満了日、就労制限の有無が記載されています。さらにＩＣチップが内蔵されています。

既に日本に在留している外国人は、在留カードを持っていると思いますが、認定証明書で外国人配偶者を呼び寄せた場合、一部の空港（成田空港・羽田空港・中部空港・関西空港・新千歳空港・広島空港・福岡空港）などでは入国時に交付されます。その時点では、住所が確定していないため、住所地が書いてないので、後ほど区役所・市役所へ行き住所の記載をしてもらいます。

空港で在留カードが交付されない場合は、区役所・市役所に住居地の届出を行った後、おおよそ10日程度で、届け出た住居地に簡易書留で在留カードが郵送されます。

在留カードは、常時携帯の義務があります。街中で警察官に職務質問されたときは、在留カードを見せるように警察官に言われます。その際、携帯ってないとトラブルになりやすいので注意が必要です。

【図表２　在留カード】

表面

日本国政府
GOVERNMENT OF JAPAN
在留カード
RESIDENCE CARD
番号 No. [redacted]
氏名 [redacted]
NAME [redacted]
生年月日 [redacted]年[redacted]月[redacted]日 性別 [redacted] 国籍・地域 [redacted]
DATE OF BIRTH Y M D SEX NATIONALITY/REGION
住居地 ADDRESS [redacted]
在留資格 [redacted]
STATUS Engineer/ Specialist in Humanities/ Int'lServices
就労制限の有無 [redacted]
在留期間（満了日） PERIOD OF STAY (DATE OF EXPIRATION) [redacted]年（[redacted]年[redacted]月[redacted]日）
Y Y M D
許可の種類 [redacted]
MOJ
許可年月日 [redacted]年[redacted]月[redacted]日 交付年月日 [redacted]年[redacted]月[redacted]日
[redacted]
このカードは [redacted]年[redacted]月[redacted]日まで有効 です。
PERIOD OF VALIDITY OF THIS CARD
法務大臣 法務大臣之印

裏面

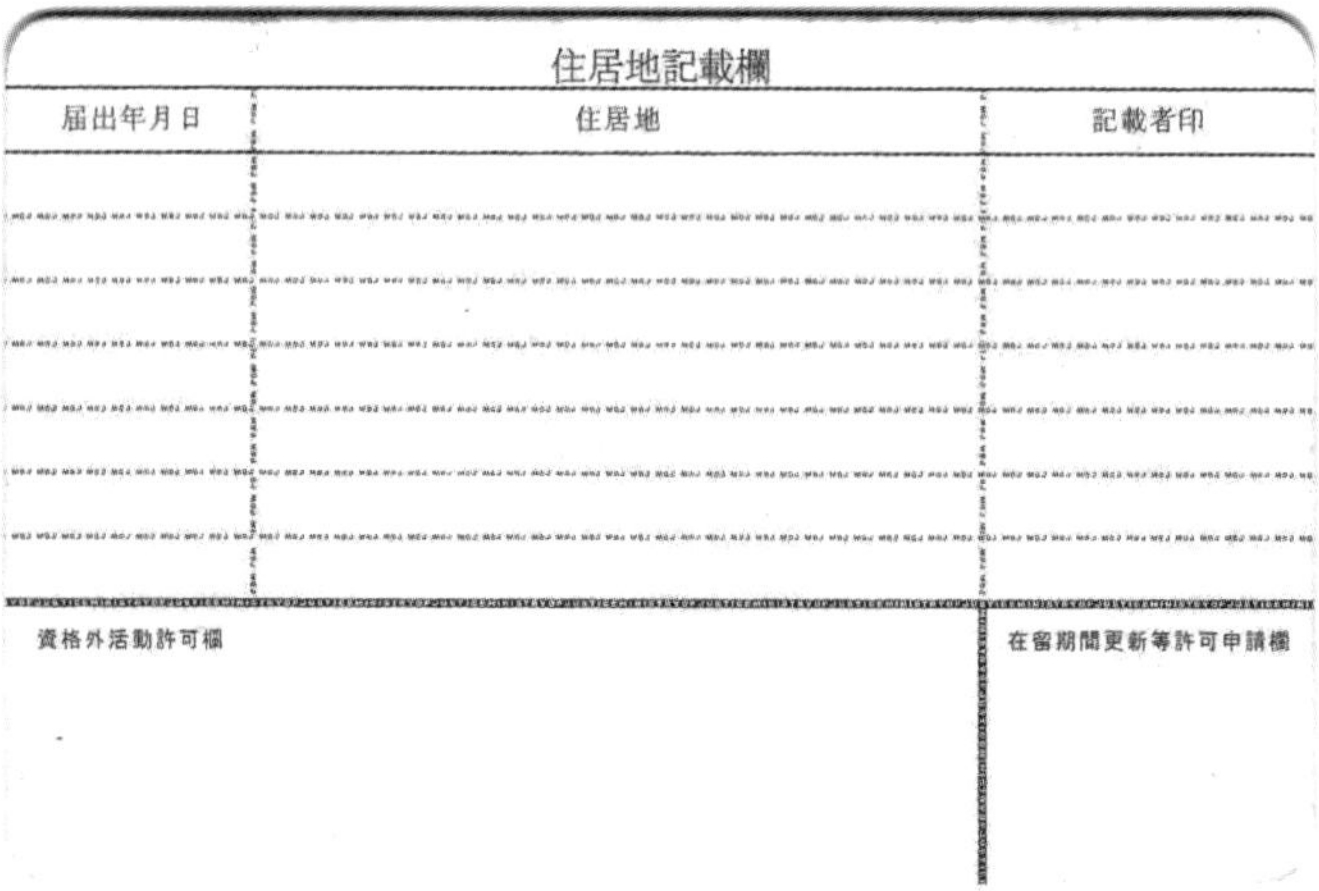

住居地記載欄

届出年月日	住居地	記載者印

資格外活動許可欄

在留期間更新等許可申請欄

第2章

まずは国別の国際結婚手続を把握しよう！

1　中国人との国際結婚手続

日本では、男は18歳、女は16歳で結婚できますが、中国では、男は22歳、女は20歳となっています。また、再婚の場合の注意点ですが、女性は６か月を経過した後でなければ再婚することができません。女性が再婚する場合は、女性特有の妊娠の問題で再婚禁止期間があるからです。再婚禁止期間は６か月です。

結婚の手続を日本で先に行うか、それとも中国で行うかについては、これから結婚をしようとする方にとっては、それぞれの状況によって異なってくるのではないでしょうか。

中国人と日本人の結婚手続について、それぞれの手続方法についてまとめてみます。

Ａ　中国で先に結婚手続する場合

日本人と中国人が、２人一緒に必要書類を持って、中国人の戸籍所在地の省、自治区、直轄市の婚姻登記処に出頭して登記手続を行い、「結婚証」を受領します。

中国で先に結婚をした場合、結婚証を取得したときに正式に結婚したことになります。

実物の結婚証は、表紙が赤く、小さい手帳くらいの大きさで、夫婦が写っている顔写真が貼ってあるものになります。

◆手続に必要な必要書類

【日本人が用意するもの】

① 婚姻要件具備証明書（日本外務省と中国大使館の認証が必要）

日本の法務局が発行した「婚姻要件具備証明（通称：独身証明書）」が必要です。この書類は、日本の「外務省の認証」と、日本にある「中国大使館の認証」が必要となります。

また、中国語の翻訳が必要です。法務局、外務省、中国大使館、翻訳会社と4つにコンタクトを取る必要があり、思ったより時間がかかるので、中国渡航前に事前に計画を立てて準備しておくことが必要です。

② 婚姻要件具備証明書の中国語翻訳文

③ パスポート

【中国人が用意するもの】

① 居民戸口簿

② 居民身分証

③ パスポート

これら必要書類については、婚姻登記処によって異なることがあるため、念のために事前に問い合わせるなど、確認をすることをおすすめします。

◆日本人が単独で帰国後、市区町村役場に婚姻届をする場合に必要な書類

帰国後に市区町村役場に婚姻届提出するには、次の書類が必要です。

・婚姻届（1人で書いても大丈夫です）

・結婚公証書

・出生公証書（配偶者の）

・離婚公証書（配偶者が離婚経験がある場合）

※公証書は日本語翻訳文が必要です。

3か月以内に市区町村に提出します。この報告的届出としての婚姻届に必要な書類も、念のため事前に提出する市区町村に電話で確認をしたほうがよいです。

B　日本で先に結婚手続する場合

中国で結婚をしていない状態で先に日本で結婚手続をすることは、相手の中国人が中長期の正規在留資格を持って日本にいる場合にのみ可能です。

※中国人が短期滞在（親族訪問・短期商用）で日本に入国した場合、中国大使館では、中国人の婚姻要件具備証明書は発行しないようです。

◆必要書類

【日本人が用意するもの】

①　婚姻届

②　戸籍謄本

【中国人が用意するもの】

①　婚姻要件具備証明書　※駐日中国大使館発行のもの
②　パスポート
※中国で結婚したことがあり、離婚・死別している場合＝「離婚公証書」または「離婚調停証」または「死亡公証書」
※日本で結婚したことがあり、離婚・死別している場合＝離婚は「婚姻届受理証明書」、死亡は「死亡届受理証明書」

日本で結婚手続した場合は、中国でも有効な結婚と認められ、中国で婚姻登記を行う必要がありません。しかし、中国人の戸籍簿（居民戸口簿）の婚姻状況の欄を「既婚」に変更する必要があります。それをしないと、中国では未婚のままになってしまいます。

市区町村役場で「婚姻受理証明書」を取得して、日本外務省と中国大使館でそれぞれ認証し、中国人配偶者の戸籍所在地の役所に提出します。中国語翻訳文も通常必要になります。

2　韓国人との国際結婚手続

韓国は、「満18歳になった者は、婚姻することができる」とされているので、男女とも18歳で結婚可能になります。

韓国人と結婚するときは、韓国人が韓国に現在住んでいるのか、それとも日本に住んでいるのかによって結婚手続を先に日本で行うか、それとも先に韓国で行うか考えなければならなりません。

それぞれの手続方法を説明しますが、韓国人との結婚は、基本的には日本で先に結婚したほうがスムーズかと思います。

◎注意：日本と韓国の両方に婚姻届を出さなければなりません。一方の国で婚姻届を提出したからといって、もう片方の国で婚姻届を提出しなければ、出していないほうの国では結婚していないままになってしまいます。

A　日本で先に結婚手続をした後に韓国で手続する場合

韓国人は、査証免除措置がとられているので、ノービザ（90日まで）で日本に来ることができます。したがって、日本で結婚手続した後に、婚姻が記載された戸籍謄本を韓国語に翻訳して駐日韓国大使館（領事館）に提出し、韓国でも結婚手続を完了させることができます。

◆日本の役所に提出

【日本人が用意するもの】

・婚姻届

・戸籍謄本（本籍地以外の役所に婚姻届を出す場合）

【韓国人が用意するもの】

・パスポート
・基本事項証明書　※日本語訳必要（翻訳者署名入り）
・家族関係証明書　※日本語訳必要（翻訳者署名入り）
・婚姻関係証明書　※日本語訳必要（翻訳者署名入り）

これら３つの証明書は、在日韓国大使館（領事館）で取れます。

日本で結婚が完了したら、次は韓国側での手続になります。

まず、婚姻届を提出した市（区）役所で「婚姻届受理証明書」を発行してもらいます。そして、在日韓国大使館（領事館）へ報告的手続をします。

●必要書類

・婚姻届受理証明書　※韓国語翻訳必要（翻訳者署名入り）
・家族関係証明書

Ｂ　韓国で先に結婚手続をした後に日本で手続する場合

韓国の市役所に婚姻届を提出しますが、日本人が用意するものは、次のとおりです。

【日本人が用意するもの】

・パスポート

・戸籍謄本　※韓国語翻訳必要
・婚姻要件具備証明書
婚姻要件具備証明書は、韓国の在韓国日本大使館で取れます。韓国の日本大使館で婚姻要件具備証明書を発行してもらうために日本人が用意する必要書類は、次のとおりです。

なお、手続に当たっては、2人で窓口に行く必要があります。
・戸籍謄本
・パスポート

【韓国人が用意するもの】
・婚姻関係証明書
・住民登録証
その後、韓国での結婚が成立したら、在韓国日本大使館へ報告的手続をするか、日本に帰って市(区)役所で手続するか2つの選択肢があります。
① 在韓国日本大使館へ報告的手続をする場合の必要絵書類
・婚姻届2通（窓口にあります）
・戸籍謄本2通
・韓国人の婚姻関係証明書と家族関係証明書を各2通と、その日本語翻訳文
・パスポート

② 日本に帰って来て市（区）役所に報告的手続をする場合の必要書類
・婚姻届
・韓国人の婚姻関係証明書
・韓国人の家族関係証明書
・韓国人の基本証明書
※これらは日本語翻訳が必要です。

3　台湾人との国際結婚手続

台湾の結婚要件は、日本と同じです。それぞれの手続は、次のようになります。

Ａ　日本で先に結婚手続をする場合

台湾人が日本に正規の在留資格を持って住んでいる場合は、日本で先に結婚手続をしたほうがスムーズな場合が多いです。日本は、中国との国交の関係で、台湾は国として認められていませんが、日本で台湾の領事業務を行う場所があります。それは、「台北駐日経済文化代表処」という場所です。まずは、そこで婚姻要件具備証明書の発行を受けます。その際に必要な書類は、次のものです。
・台湾の「戸籍謄本」（未婚事実の記載があるもの）

・パスポート
・印鑑
・証明写真

台北駐日経済文化代表処で婚姻要件具備証明書の発行を受けた後、日本側の市区町村役場に婚姻届を提出します。その際に必要な書類は、次のとおりです。

【台湾人の必要書類】

・婚姻要件具備証明書
・台湾の戸籍謄本（未婚事実が記載されているもの）
・パスポート

【日本人の必要書類】

・戸籍謄本
・身分証明書（免許証等）

婚姻届出が受理されたら、日本側での結婚手続は完了です。次に、台湾側に報告的届出をする必要があります。

その際に必要な書類は、次のとおりです。

・日本人の戸籍謄本（婚姻の事実が記載されたもの）
・台湾の戸籍謄本（未婚の事実が記載あるもの）

・パスポートおよび印鑑

婚姻届を提出し、証明書の発行を受けますと台湾側での婚姻手続も完了します。

Ｂ　台湾で先に結婚手続をする場合

日本人が台湾に行く必要があります。その際に持って行く書類は、次のようになります。

・日本の戸籍謄本（台北駐日経済文化代表処にて認証済みのもの）

この書類を持って、台湾の台北市または高雄市にある「財団法人交流協会在台事務所」に婚姻要件具備証明書の発行を受けます。

発行を受けたら、台湾の市区町村役場に婚姻届けをして、受理されたら、婚姻の事実が記載された台湾の戸籍謄本を取得できるようになり、それで台湾での結婚手続は完了します。

台湾の市区町村役場に婚姻届を提出する際に必要な書類は、次のようになります。

【台湾人の必要書類】

・身分証明書と印鑑

【日本人の必要書類】

・婚姻要件具備証明書

・パスポート

・印鑑

そして、日本の市区町村役場に報告的届出をします。その際に必要な書類は、次のようになります。

【台湾人の必要書類】

・台湾の戸籍謄本（婚姻の事実が記載されたもの）
・台湾の役所から発行された婚姻証書
・パスポートのコピー

【日本人側の必要書類】

・戸籍謄本
・身分証明書
・印鑑

この日本の市区町村役場に報告的届出により、手続は完了です。

4 香港人との国際結婚手続

A 香港で先に結婚手続をする場合

① 結婚登記所の予約

香港の結婚登記所で、入籍日を予約します。3か月〜3か月＋15日ほど後でないと、予約がとれません。

■予約時に必要なもの

【香港人が用意するもの】

・ＩＤカードの番号

【日本人が用意するもの】

・氏名

・電話番号

・パスポート番号

②　結婚登記所で本登録

次は、結婚登記所に指定された日時に結婚登記所に行き、本登録を行います。

■本登録時に必要なもの

【香港人が用意するもの】

・ＩＤカード原本

【日本人が用意するもの】

・パスポート原本、コピー

・婚姻要件具備証明書(在香港日本国総領事館で即日発行してもらえます。発行に際しては、パスポート、戸籍謄本が必要。戸籍謄本は、外務省および中国大使館の認証が必要)

本登録完了後、入籍日を決定します。

③　結婚登記所で入籍式

決められた入籍日に結婚登記所に行き、入籍式を行います。このとき、18歳以上の証人2人を帯同する必要があります。入籍式において結婚登録証明書にサインをし、結婚の登録が行われ、結婚登録証明書が発行されます。

④　日本の婚姻届提出

香港で入籍式を完了した後、日本の婚姻届は3か月以内に行わなければなりません。

香港日本領事館に届出が可能です。

【届出に必要なもの】

・夫婦のパスポートとコピー

・結婚登録証明書とコピー

・戸籍謄本（日本の本籍地に届け出る場合は不要）

B　日本で先に結婚手続をする場合

日本で市区町村役場に婚姻届を提出し、婚姻が有効に成立すると、香港側への届出は不要です。婚姻届が日本で受理されると、婚姻届受理証明書を発行してもらえるので、これによって、香港内でも有効に婚姻が成立していることを証明することとなります。

■届出に必要なもの

【日本人が用意するもの】

・戸籍謄本

【香港人が用意するもの】

・婚姻要件具備証明書

・パスポート

中国語の書類は、すべて日本語訳が必要となります。

このうち、婚姻要件具備証明書を取得するためには、中国大使館に、次の書類を提出する必要があります。

・パスポートのコピー

・在留カードコピー

・独身証明書（香港の結婚登記所で発行されるもの）

離婚を経験している香港人については、離婚届受理証明書の提出も必要となります。

5　フィリピン人との国際結婚手続

フィリピンにおける結婚できる年齢は、男女ともに18歳以上です。フィリピンは、離婚ができない国といわれていますが、それはフィリピン人同士のことであって、外国人（日本人）とフィリピン人同士の離婚は可能です。

例えば、日本人男性とフィリピン人女性（日本在住）は離婚できます。もし、フィリピン人がフィリピンに帰国してしまっていても、日本人が日本に居住していれば日本法によって離婚できます。

A　フィリピンで先に結婚手続をした後に日本で手続する場合

フィリピンは、査証免除国ではありませんので、日本に入国するには手続が煩雑です。したがって、現地在住フィリピン人との結婚は、日本人がフィリピンに渡って結婚手続を進めるほうがよいでしょう。

フィリピンで先に結婚するための手続の流れは、次のとおりです。

① 婚姻要件具備証明書の取得（フィリピン）
② 婚姻許可証の取得（フィリピン）
③ 挙式・婚姻証明書の取得（フィリピン）
④ 婚姻届の提出（日本）

① 婚姻要件具備証明書の取得

在フィリピン日本大使館（マニラ・セブ・ダバオ）で取得できます。

【日本人が用意する書類】

・戸籍謄本（離婚歴のある方は改正原戸籍、除籍謄本も必要）
・パスポート

【フィリピン人が用意する書類】

・出生証明書（Birth Certificate）（ＰＳＡ（旧ＮＳＯ）発行のもの）
記載事項が不鮮明な場合には、パスポートや洗礼証明書が必要となることもあります。
婚姻要件具備証明書は、申請の翌日に交付されます。

② 婚姻許可証の取得
婚姻許可証は、婚約者が居住する市区町村役場に申請します。その際、婚姻要件具備証明書が必要です。婚姻許可証は、申請者の氏名等が10日間継続して地方民事登録官事務所に公示された後、特に問題がなければ発行されます。婚姻許可証には、有効期間（１２０日）があります。

③ 挙式・婚姻証明書の取得
婚姻許可証の有効期間内に挙式を行います。フィリピンでは、婚姻を挙行できる権限のある者（裁判官や牧師）が法律で決められています。婚姻挙行担当官と成人２人以上の証人の面前で婚姻の宣誓を行い、婚姻当事者2名と証人が婚姻証明書に署名し、これを婚姻挙行担当官が認証することにより婚姻が成立します。

その後、15日以内に婚姻証明書がフィリピン市区町村役場に送られ、地方民事登記官により登録されます。

登録が完了すると、婚姻証明書の謄本が取得できるようになります。

④　婚姻届の提出

フィリピンで婚姻成立後、３か月以内に日本の市区町村役場か、フィリピンの日本大使館に婚姻届をします。

ただし、日本大使館に出すのは、かなり時間がかかるのでおすすめしません。

◆日本の市区町村役場に提出する場合に用意する書類

【日本人が用意するもの】

・婚姻届

・戸籍謄本（本籍地以外の役所に出す場合）

【フィリピン人が用意するもの】

・婚姻証明書（ＰＳＡ（旧ＮＳＯ）発行のもの・日本語翻訳必要）

・出生証明書（ＰＳＡ（旧ＮＳＯ）発行のもの・日本語翻訳必要）

Ｂ　日本で先に結婚手続をした後にフィリピンで手続する場合

フィリピン人の婚姻要件具備証明書を在日本フィリピン大使館で取得します。これは、現在、日本に正規の在留資格を持って居住している方にのみに発行されています。

申請には、日本人とフィリピン人が２人揃って窓口で申請することが条件となります。

◆婚姻要件具備証明書を取得するために必要な書類

【フィリピン人が用意するもの】

・パスポート
・在留カードまたは外国人登録証
・出生証明書（ＰＳＡ（旧ＮＳＯ）発行のもの）
・証明写真３枚（パスポートサイズ）
・無結婚証明書（CENOMAR）（６か月以内に発行されたものであり、使用目的が「結婚」であること）

【日本人が用意するもの】

・戸籍謄本
・パスポート
・証明写真３枚（パスポートサイズ）

婚姻要件具備証明書の取得を準備しながら、市(区)役所に提出する書類も同時に用意しましょう。

◆市（区）役所に提出する書類

【フィリピン人が用意するもの】

・婚姻要件具備証明書
・「認証済み」出生証明書（ＰＳＡ（旧ＮＳＯ）発行のもの＋フィリピン外務省の認証が必要）
・「認証済み」婚姻記録不存在証明書（ＰＳＡ（旧ＮＳＯ）発行のもの＋フィリピン外務省の認証が必要）

6　タイ人との国際結婚手続

タイ人の婚姻要件は、①男女とも満17歳以上、②満20歳未満の者は父母の同意が必要、③女性は前婚解消から310日を経過していることとされています。

A　日本で先に結婚手続をする場合

既に長期の在留資格を持ったタイ人との結婚手続をする場合は、先に日本で結婚するほうが、手続がスムーズです。

その場合、まずは、在日タイ大使館から婚姻要件具備証明書を発行してもらいます。その際に必要となるものは、次のようになります。

【タイ人の必要書類】

・タイ市役所で発行された「独身証明書」（タイ外務省国籍認証課の認証済みのもの）。離婚歴がある場合、「離婚後再婚していないことを示す証明書」（タイ外務省国籍認証課の認証済みのもの）

・国民身分証明書またはその代わりになるタイの公的機関が発行した認証印付き顔写真が添付されている人物証明書とその裏表のコピー

・タイ住居登録証原本、もしくはタイ市役所認証印のある謄本とそのコピー

・パスポート
・離婚証明書（過去に結婚している場合のみ必要）
・妊娠していない旨の診断書（離婚後３１０日経過していない場合）
・親などの同意書
・証明写真

【日本人の必要書類】

・パスポートあるいは運転免許証とそのコピー
・戸籍謄本（日本の外務省認証済みのもの）
・在職証明書
・証明写真

次に、日本の役所に婚姻届を提出します。その際に必要となる書類は、次のようになります。

【タイ人の必要書類】

・婚姻要件具備証明書
・タイ住居登録証原本、もしくはタイ市役所認証印のある謄本とそのコピー
・パスポート
・在留カード

【日本人の必要書類】

・パスポート
・運転免許証
・戸籍謄本
これにより日本側での結婚手続（創設的届出）は終了です。

次に、タイでの結婚手続（報告的届出）を行います。日本にあるタイ大使館では報告的届出は受け付けてはくれず、タイ本国で行う必要があります。

なお、この手続には、日本人配偶者の同席は必要ありません。

手順は、次のとおりです。
①婚姻の事実が記載された戸籍謄本の取得
②戸籍謄本を日本にある外務省で認証
③日本にあるタイ大使館で認証
④バンコクにあるタイ外務省で認証
⑤住民登録しているタイ市役所に提出
⑥タイ人が女性の場合は姓の変更（日本人側の同意が必要）
タイ市役所で届出をする際に必要な書類は、次のようになります。

【タイ人の必要書類】

・パスポート

・国民身分証明書またはその代わりになるタイ公的機関が発行した認証印付き顔写真が添付されている人物証明書とその裏表のコピー
・タイ住居登録証原本、もしくはタイ市役所認証印のある謄本とそのコピー

【日本人の必要書類】

・婚姻の事実が記載された戸籍謄本（日本にある外務省およびタイ大使館にて認証済みであり、タイ外務省で認証済みのもの、もしくはタイにある日本大使館で認証済みであり、タイ外務省で認証済みのもの）

これでタイでの報告的届出も完了となり、両国での結婚が成立したことになります。

Ｂ　タイで先に結婚手続を行う場合

タイ在住のタイ人と結婚する場合は、タイで先に結婚手続を行ったほうがスムーズな場合が多いです。その場合は、必ず日本人がタイに行かなくてはならず、申請から証明書の発給まで長い場合は10日間以上も滞在する覚悟が必要です。

手続の流れは、次のようになります。

①　日本人が書類を準備しタイに行く
②　タイにある日本大使館で婚姻要件具備証明書と結婚資格宣言書の発行を受ける
③　②の書類についてタイ外務省で認証を受ける

④　タイ市役所で婚姻手続をし、日本側に報告的届出をする

①　日本人が書類を準備しタイに行く

【日本人の必要書類】

・戸籍謄本（発行から3か月以内のもの。離婚歴がある場合は、その事実が記載されているものが必要）

・住民票（発行から3か月以内のもの）

・在職証明書（公証人役場、法務局認証済みのもの）

・所得証明書（市区町村役場発行のもの）あるいは源泉徴収票（公証人役場、法務局認証済みのもの）

・パスポート

②　タイにある日本大使館で婚姻要件具備証明書と結婚資格宣言書の発行を受ける

①の書類と次のタイ人の書類を持って、在タイ日本大使館に婚姻要件具備証明書と結婚資格宣言書の発行を受けます。

【タイ人の必要書類】

・国民身分証明書またはその代わりになる、タイ公的機関が発行した認証印付き顔写真が添付されている人物証明書とその裏表のコピー

・タイ住居登録証原本、もしくはタイ市役所認証印のある謄本とそのコピー

・パスポート

③　②の書類についてタイ外務省で認証を受ける

次に、婚姻要件具備証明書と結婚資格宣言書をタイ語に翻訳し、タイ外務省で認証を受けます。

④　タイ市役所で婚姻手続をし、日本側に報告的届出をする

続いて、タイ人の住居登録のあるタイ市役所において婚姻手続を行えば、婚姻証明書が発行されます。これでタイでの婚姻手続は完了です。

次に、日本側に報告的届出を行う必要があります。その際に必要な書類は、次のとおりです。

・タイ国での婚姻証明書（タイ外務省認証済みのもの）
・住居登録証（タイ外務省認証済みのもの）
・婚姻届

これらの書類を在タイ日本大使館あるいは日本の市区町村役場に届け出ることで日本での婚姻手続も終わります。

7　ベトナム人との国際結婚手続

Ａ　日本で先に婚姻手続をする場合

■日本の役所に提出するもの

・婚姻届
① ベトナム人の婚姻要件具備証明書
② 日本人配偶者の戸籍謄本（本籍地の市役所に届出の場合は不要）
③ ベトナム人配偶者のパスポート

在日ベトナム大使館で、ベトナム人配偶者の婚姻用件具備証明書を発行してもらいます。ただし、短期滞在で入国しているベトナム人には婚姻要件具備証明書は発行されません。

〈必要書類〉
・出生証明書
・現住所証明書
・婚姻状況証明書
・ベトナム人のパスポート（原本）
・人民証明書（人民委員会が発行）
・日本人のパスポート（写し）
・日本人の住民票

日本の役所に婚姻届が受理されると、ベトナム大使館に報告的届出をします。

■ベトナム大使館に提出するもの
① 戸籍謄本

②　婚姻届受理証明書
③　夫婦それぞれのパスポートコピー
完了すると、婚姻証明を発行してもらえるようになります。

B　ベトナムで先に婚姻手続をする場合

ベトナムの婚姻手続の流れは、次のとおりです。

①　人民委員会で婚約申請を行います。
②　法務局に行き、必要書類を提出し、面接の予約を行います。
③　指定された日時に法務局にて面接を受けます。
④　面接後、指定された日時に法務局に行き、結婚登録を行います。
完了すると、婚姻証明書を発行してもらえるようになります。

【日本人の必要書類】

・婚姻用件具備証明書（法務局発行）
・パスポート写し
・精神科医の健康診断書（公立病院）
・ＨＩＶ及びその他の感染症についての診断書（保険所）

【ベトナム人の必要書類】

・人民証明書（人民委員会が発行）

その後、日本大使館に報告的届出を行い、手続は完了です。

■日本大使館に提出するもの

・婚姻届

・ベトナムの婚姻証明書

・婚姻証明書の和訳文

・2人のパスポートコピー

・ベトナム人配偶者のパスポートの和訳文

・日本国籍配偶者の戸籍謄本

8　インドネシア人との国際結婚手続

A　日本で先に婚姻手続をする場合

■日本の役所に提出するもの

・婚姻届

・インドネシア人の婚姻要件具備証明書（インドネシア大使館で入手可能）

・日本人配偶者の戸籍謄本（本籍地の市役所に届出の場合は不要）
・インドネシア人配偶者のパスポートコピー
なお、在日公館での婚姻具備証明書発行に必要な書類は、次のとおりです。
・インドネシア人配偶者役場発行の各種戸籍関連書類……独身証明書／出生証明書／家族登録簿／系統証明書／両親証明書
・インドネシア人配偶者のパスポートコピー
・日本人配偶者のパスポートコピー
・日本人配偶者の戸籍謄本
日本の役所に婚姻届が受理されると、インドネシア大使館に報告的届出をします。

■インドネシア大使館に提出するもの

・入籍後の戸籍謄本
・婚姻届受理証明書
・夫婦それぞれのパスポートコピー
完了すると、婚姻証明を発行してもらえるようになります。

B　インドネシアで先に婚姻手続をする場合

インドネシアで婚姻する場合は、5つの宗教（イスラム教、ヒンズー教、仏教、カトリック、プロテスタント）に従って、婚姻の儀式を行う必要があります。

イスラム教徒は、イスラム宗教事務所（ＫＵＡ）、イスラム教徒以外の人は、民事登録局(PENCATATAN CIPIL)で婚姻を登録します。

① 現地の日本大使館、領事館にて婚姻要件具備証明書を発行してもらいます。申請の翌日には発行してもらえます。

【必要書類】

・戸籍謄本

・パスポートコピー

・インドネシア人配偶者の身分証明書

② 婚姻要件具備証明書等の書類を結婚相手が所属する宗教事務所または民事登録局に提出し、婚姻手続を行います。必要書類は宗教事務所によって異なりますが、一般的には、次の書類が必要になります。

・婚姻要件具備証明書

・インドネシア人配偶者の各種戸籍関連書類（出生証明書／家族登録簿等）

・夫婦のパスポートコピー

手続が完了すると、婚姻証明書（AKTA PERKAWINAN）を発行してもらえます。

③ 日本大使館に婚姻届を提出します（報告的届出)。

【必要書類】
・婚姻届
・婚姻証明書（原本と和訳文）
・インドネシア人配偶者の国籍を証明する書類（出生証明書の原本）とその和訳文
・戸籍謄本
日本大使館への報告的届出が終われば、婚姻手続は完了です。

9　ミャンマー人との国際結婚手続

Ａ　日本で先に婚姻手続をする場合

ミャンマーは、婚姻要件具備証明書を発行しない国であるため、公証弁護士が作成する独身証明書と家族構成リストの提出で代用します。

公証弁護士とは、ミャンマーの弁護士が20年間実務を行うことで付与される資格であり、日本の公証人が法務局に属する政府機関であることとは異なっています。

■日本の役所に提出するもの
・婚姻届

・ミャンマー人のパスポートのコピー
・独身証明書（ミャンマーの地方裁判所の公証弁護士が作成したもの）
・家族構成一覧表（ミャンマーの地方裁判所の公証弁護士が作成したもの）
・日本人の戸籍謄本

ミャンマー大使館に報告的届出は必要ありません。
日本の役所に婚姻届が受理されれば、婚姻手続は完了です。

B　ミャンマーで先に婚姻手続をする場合

■ミャンマーでの婚姻手続の流れ

① 弁護士や公職者の保証人のサインが入った婚姻誓約書を婚姻当事者それぞれ1部ずつ用意します（婚姻誓約書は定型書式が国内にて販売されています）。
② 婚姻誓約書を居住地の裁判所へ提出し、お互いの婚姻誓約書を裁判官面前で交換し、裁判官の署名をもらいます。その際、日本人男性はパスポート、日本人女性はパスポートと婚姻要件具備証明書が必要です。
③ 日本大使館へ婚姻の報告的届出をします。

【ミャンマー人の必要書類】
・国民登録証とそのコピー（日本語訳添付）

・パスポートコピー（日本語訳添付）
・住民票（日本語訳添付）

【日本人の必要書類】

・パスポートコピー
・戸籍謄本
・ミャンマーでの婚姻証明書とコピー（日本語訳添付）

日本大使館に報告的届出をしたら、婚姻手続は完了です。

10　モンゴル人との国際結婚手続

Ａ　日本で先に婚姻手続をする場合

■日本の役所に提出するもの

・婚姻届
・モンゴル人の婚姻要件具備証明書（モンゴル大使館で発行してもらいます）
・日本人配偶者の戸籍謄本（本籍地の市役所に届出の場合は不要）
・モンゴル人配偶者のパスポートコピー

【モンゴル人の必要書類】

・パスポートコピー
・国民登録証の公証済の写し
・出生証明書の公証済の写し
・国民登録情報センター発行の非婚姻（独身）証明書（45日以内に発行されたもの）、
・警察庁発行の犯罪経歴証明書（90日以内に発行されたもの）
・モンゴル国での居住地の役所発行の住民票（居住証明書）

【日本人の必要書類】

・戸籍謄本
・パスポートコピー
・住民票

日本の役所に婚姻届が受理されると、モンゴル大使館に報告的届出をします。

■モンゴル大使館に提出する書類

・戸籍謄本
・婚姻届受理証明書
・夫婦のパスポートコピー

モンゴル大使館に届出が完了すると、モンゴルの婚姻証明書が発行されます。

Ｂ　モンゴルで婚姻手続をする場合

・管轄官庁（国民登録庁）に必要書類とともに婚姻届を提出します。
・書類を受理後、30日以内に審査が行われます。
　手続が完了すると、婚姻証明書が発行されます。

【日本人の必要書類】

・独身証明書、離婚歴があれば離婚を証明する証明書（日本の役所が発行したものを在日モンゴル公館が認証したもの）。
・住民登録証明書（写真付き）
・警察本部発行の犯歴証明書（翻訳されたもの）
・健康診断証明書（エイズ、神経病、結核）
・身分証証明の写しと公証役場による証明（身分証明書、旅券など）
　結婚登録をする場合、健康証明書の提出が義務づけられています。性病、ＨＩＶ、結核、精神病等のおそれがあるときは、専門の病院での検査を要求される場合があります。

【モンゴル人の必要書類】

・住民登録証明書（写真付き）
・健康診断証明書（エイズ、神経病、結核）

・中央身分証明書公文書館発行の独身証明書
・モンゴル警察発行の犯歴証明書
その後、日本大使館に報告的届出をします。

■日本大使館に提出するもの

・婚姻届
・戸籍謄本
・国家登録庁（モンゴル国民登録センター）発行の婚姻証明書と和訳
・モンゴル人のパスポート（提示）と和訳
・日本人のパスポート（提示）
日本大使館へ届出すると、婚姻手続は完了となります。

11 アメリカ人との国際結婚手続

A 日本で婚姻手続をする場合

■日本の役所に提出するもの

【日本人が用意するもの】

・婚姻届
・印鑑
・本人確認書類（運転免許書やパスポートなど写真付きのもの）
・戸籍謄本（本籍地の市役所に届出の場合は不要）

【アメリカ人が用意するもの】

・婚姻要件具備証明書と和訳（アメリカ大使館または領事館で発行）
・パスポート

婚姻要件具備証明書は、アメリカ大使館に予約を入れ、パスポートを持参する必要があります。交渉の手数料50ドルを支払い、即日交付されます。

日本の法律に則って行なわれた婚姻の手続は、アメリカ国内でも法的に有効とみなされます。アメリカ大使館に報告的届出をする必要はありません。

アメリカ国籍者の婚姻の証明は、日本の区市町村役場でもらう婚姻届受理証明書になります。大使館がアメリカの結婚証明書を発行することはありません。

Ｂ　アメリカで先に婚姻手続をする場合

アメリカでの婚姻は、マリッジライセンス（結婚許可証）を取得し、次に結婚式を行い、役所に報告するという流れになりますが、細かい規定は州により異なります。

■一般的な流れ

① 役所（シティホール内にある担当部署など）でマリッジライセンスを取得します。

マリッジライセンスの取得に必要な書類は、次のとおりです。

【アメリカ人の必要書類】

・出生証明書

【日本人の必要書類】

・婚姻用件具備証明書

・戸籍謄本

② 教会の神父・牧師、裁判所の裁判官、または資格のある司式者のもとで結婚式を行い、結婚を宣誓します。マリッジライセンスに司式者の署名をしてもらいます。

③ 署名入りのマリッジライセンスをライセンスを取得した役所に提出します。

これで婚姻証明書を発行してもらうことができるようになります。

その後は、日本大使館に報告的届出が必要です。

■日本大使館に提出するもの

・婚姻届書（大使館備付け）2通

・戸籍謄（抄）本（全部事項証明／個人事項証明）2通

・婚姻証明書 (CERTIFICATE OF MARRIAGE)　2通

・婚姻証書の和訳文２通（うち1通はコピーで可。翻訳者を明記）
・外国籍の夫または妻の国籍を証明する書類
国籍を証明する書類は、次のいずれか一方を提出します。
①　婚姻日の時点で有効な米国パスポート（郵送で届け出る場合は、Notary public の公証シール付コピーを送ります）
②　出生証明書原本１通および公証付コピー1通。
・外国籍の夫または妻の国籍を証明する書類の和訳文２通（うち1通はコピーで可。翻訳者を明記）
日本側に報告的届出を行ったら、婚姻手続は完了です。

12　イギリス人との国際結婚手続

Ａ　日本で先に結婚手続をする場合

■日本の役所に提出するもの

・イギリス人配偶者の婚姻要件具備証明書（certificate of no impediment）（イギリスの役所へ出生証明書を提出すれば、２週間程度で取得できます。在日本イギリス大使館でも入手可能です。発行に21営業日が必要です）

・イギリス人配偶者のパスポートコピー
・イギリス人配偶者の出生証明書（birth certificate）
・日本人の戸籍謄本
婚姻届が受理されても、イギリス大使館への報告的届出は必要ありません。

■イギリス大使館に提出するもの

・婚姻届受理証明書とその英訳
・戸籍謄本

B　イギリスで先に結婚手続をする場合

イギリスでの結婚は、次の2つの方法があります。

①　英国教会をはじめとする教会で宗教上の結婚式を挙げる。宗教によっては、役所での手続も必要となります。

②　役所（市町村の結婚登記所　marriage registrar）で届出結婚を行う。この場合も儀式が必要で、儀式は役所職員の結婚登記官が行います。

・結婚には正式儀式の他にライセンスが必要……ライセンスは結婚前に英国国教会の神父または結婚登記官から与えられます。ライセンスを取得するには、連続3週にわたって日曜日に「結婚予告」を行い、異議の有無を問う必要があります。結婚予告は、18世紀から続く慣習ですが、「結婚予告」

に代わって「宣誓供述書」を提出することでもライセンスを取得することができます

・婚姻手続と婚姻証明書……教会または結婚登記所のいずれの場合も結婚の証人として２名の立会いとサインが必要です。結婚の登記が終了すると、登記所から婚姻証明書（marriage certicate）を発行してもらえるようになります。

その後は、日本大使館に報告的届出をする必要があります。

■日本大使館へ提出するもの

・イギリスの婚姻証明書（marriage certificate）と和訳
・日本人の戸籍謄本
・イギリス人の出生証明書（birth certificate）と和訳
・夫婦のパスポートコピー

日本大使館への届出が終わると、婚姻手続は完了です。

13　オーストラリア人との国際結婚手続

Ａ　日本で婚姻手続をする場合

■日本の役所に提出するもの

・婚姻届
・オーストラリア人の婚姻無障害証明書（certificate of no impediment）（在日本オーストラリア大使館で取得できます。取得には、夫婦2人分のパスポート、日本人配偶者の戸籍謄本が必要です。5日程度で発行されます）
・日本人配偶者の戸籍謄本（本籍地の市役所に届出の場合は不要）
・オーストラリア人配偶者のパスポート

これらの書類を役所に提出し、婚姻届が受理されたら、日本での婚姻手続は完了です。

オーストラリア大使館には、報告的届出はできません。

日本での婚姻がオーストラリアでも有効な婚姻として認められる必要があれば、日本の役所が発行する婚姻届受理証明書で証明することになります。

B　オーストラリアで婚姻手続をする場合

オーストラリアでの結婚は、牧師、神父、または結婚執行者の資格を持った立会人のもとで結婚式を行う必要があります。

■結婚式の３つの方法

①　教会で牧師または神父の立会いのもとで行う方法……教会は、宗派以外の結婚式を行わない場合がありますが、日本からの結婚式ツアーの受入れを行う等、誰でも結婚式ができる教会もあり

ます。

②　会場を設定し、結婚執行者を呼ぶ方法……結婚執行者が立ち会えば、どんな場所での結婚式も可能です。結婚執行者は、知人友人の紹介によって探すのが一般的ですが、電話帳にも載っています。

③　婚姻登記所で式を挙げる方法……登記所に行き、結婚の意思があるかどうか、国籍・年齢等についての審査を受けます。その後、結婚希望通知書を提出し、結婚式を予約し、式を行います。費用は１５０オーストラリアドル程度が一般的ですが、州により異なります。

結婚式が終わると、婚姻証明書を発行してもらえます。

その後、日本大使館に報告的届出が必要です。

■日本大使館に提出するもの

・婚姻届
・オーストラリアの婚姻証明書
・婚姻証明書の和訳文
・２人のパスポートコピー
・外国籍配偶者のパスポートの和訳文
・日本国籍配偶者の戸籍謄本

日本大使館への届出が終われば、婚姻手続は完了です。

14　フランス人との国際結婚手続

A　日本で婚姻手続をする場合

■日本の役所に提出するもの

・婚姻届
・婚姻要件具備証明書（フランス人配偶者）
・日本人配偶者の戸籍謄本（本籍地の市役所に届出の場合は不要）
・フランス人配偶者のパスポート

このうち、婚姻要件具備証明書は、フランス大使館に請求します。

■婚姻要件具備証明書の発行に必要な書類

【フランス人が用意するもの】

・出生証明書の謄本または抄本（3か月以内に発行されたもの。出生地の市役所で取得）
・フランス大使館が指定する質問票（フランス大使館HPでダウンロード可能）
・フランス国身分証明書またはフランス国籍証明書のコピー
・パスポートのコピー

【日本人が用意するもの】

・戸籍謄本の原本とそのフランス語訳
・フランス大使館が指定する質問票（フランス大使館ＨＰでダウンロード可能）
・パスポートもしくは顔写真付身分証明書のコピー

これらの書類は、フランス大使館領事部に郵送します。

郵送してから婚姻具備証明書が自宅（日本）に届くまで、フランス人が長期滞在ビザで日本に居住している場合は約2週間程度かかり、日本以外に居住している場合は最短でも1か月半程度かかります。

これらの書類を揃えて、日本の役所に婚姻届出をします。受理されたら、日本側での結婚手続は完了です。次にフランス大使館に報告的届出をする必要があります。

■フランス大使館に提出するもの

・婚姻届記載事項証明書（アポスティーユ付）とそのフランス語訳（アポスティーユ証明は、日本の外務省宛てに婚姻要件具備証明書を提出して請求すれば、翌稼動日以降に取得できます）
・フランスの戸籍への登録申請書（フランス大使館ＨＰでダウンロード可能）

B　フランスで婚姻手続をする場合

■フランスの役所に提出する書類

【フランス人が用意するもの】

・出生証明書（出生地の役所で取得）
・居住証明書（居住地の役所で取得）

【日本人が用意するもの】

・出生証明書
・慣習証明書
・独身証明書

すべてフランスの日本大使館で取得します。

取得するためには、アポスティーユ付戸籍謄本を提出する必要があります。そのため、まず日本の本籍地の役所で戸籍謄本を取得し、外務省にアポスティーユ添付を申請します。

これらの書類が揃ったら、フランスの役所に提出します。

その後、日本大使館に報告的届出をします。

■日本大使館に提出する書類

・フランスの役所発行の婚姻証明書と日本語訳
・フランス人の身分証明書またはパスポートと日本語訳
・日本人の戸籍謄本

・日本人の滞在許可証コピー
報告的届出が完了すれば、フランスでの婚姻手続は終了です。

15　ドイツ人との国際結婚手続

Ａ　日本で先に婚姻手続をする場合

■日本の役所に提出するもの
・婚姻届
・ドイツ人の婚姻要件具備証明書（ドイツの場合、本国の戸籍役場（Standesamt）で入手する必要があります。婚姻要件具備証明書の日本語訳のみ、ドイツ大使館で発行してもらうことが可能です）
・日本人配偶者の戸籍謄本（本籍地の市役所に届出の場合は不要）
・ドイツ人配偶者のパスポートコピー
日本で婚姻届が受理されたら、ドイツ大使館にも届出をし、ドイツの婚姻登記簿（Eheregister）に登録します。

■ドイツ大使館に提出するもの
・入籍後の戸籍謄本

・婚姻届受理証明書
・夫婦それぞれのパスポートコピー

B　ドイツで先に婚姻手続をする場合

【日本人が用意する書類】
・婚姻具備証明書
・戸籍謄本
・住民票（ドイツの住民登録をしている場合は、ドイツの住民登録証明書）
・パスポート
・身分証明書（パスポートや免許証など）

【ドイツ人が用意する書類】
・住民票 Anmeldebestaetigung
・出生証明書 Geburtsurkunde
・身分証明書 Personalausweis
・パスポート

これらの書類一式をドイツの市役所に提出します。

書類が受理されたら、届出婚式の予約をします。予約をすると、市役所の掲示板に婚姻について掲示され、異議申立てがなければ婚式を行なえます。

届出婚が終了すると、市役所より婚姻証明書を発行してもらえるようになります。

その後、婚姻証明書と戸籍謄本を日本大使館に提出し、日本側への報告的届出が完了します。

16　ロシア人との国際結婚手続

ロシア人の婚姻要件は、男女とも18歳以上です。

A　日本で先に結婚手続をする場合

ロシア人が正規の在留資格で日本にいる場合は、日本で先に結婚手続をしたほうがスムーズな場合が多いです。

まず、在日本ロシア大使館から婚姻要件具備証明書の発行を受けます。

その際に必要な書類は、次のようになります。


【ロシア人の必要書類】

・パスポート
・在留カード
・婚姻要件適格証明書（ロシア国内発行のもの）

在日ロシア大使館から婚姻要件具備証明書の発給を受けたら、次は日本の市区町村役場に婚姻届を提出します。

その際に必要な書類は、次のようになります。

【ロシア人の必要書類】

・婚姻要件具備証明書
・パスポート
・在留カード

【日本人の必要書類】

・パスポート
・戸籍謄本

これで、日本側での結婚手続は完了します。日本で先に手続をした場合は、ロシア大使館等で報告的届出は必要ありません。

B　ロシアで先に結婚手続をする場合

ロシアでは、戸籍登録機関（ザックス）で婚姻手続をします。日本人が書類を準備してロシアに行き、手続を行います。

日本人が持って行く書類は、次のとおりです。

・婚姻要件具備証明書（外務省認証（アポスティーユ）、ロシア語への翻訳証明済みのもの）

・パスポート

まずは日本で婚姻要件具備証明書を取得し、それを外務省で認証（アポスティーユ）します。認証をした証明書を在日本ロシア大使館に持って行き、ロシア語への翻訳証明を受ける必要があります。

この婚姻要件具備証明書とパスポートを持ってロシアの戸籍登録機関（ザックス）において婚姻手続を行います。婚姻証明書が発行され、ロシア国内での婚姻手続は完了します。

次に日本側に報告的届出を行う必要があります。

その際に必要な書類は、次のとおりです。

・ロシアで発行された婚姻証明書

・婚姻届け

これらの書類を在ロシア日本大使館または日本の市区町村役場に届出をして、日本側での婚姻手続が完了します。

17　ブラジル人との国際結婚手続

A　日本で婚姻手続をする場合

■日本の役所に提出するもの

① 婚姻届
② ブラジル人の婚姻要件具備証明書を在日ブラジル大使館で取得
③ ブラジル人配偶者のパスポート
④ 日本人の戸籍謄本（本籍地の市役所に届出の場合は不要）
②を取得するためには、以下の書類を提出します。
・ブラジル人の来館（代理人申請は不可）
・ブラジル人のパスポート（原本、期限内のもの）
・出生証明書（6か月以内に発行されたもの）
・証人2人のパスポート（原本、期限内のもので、証人がブラジル人の場合）
※証人は、18歳以上であればどなたでもなれます。
※証人がブラジル人の場合は、来館が必要です。証人が外国人の場合は、公証人役場でのサイン認証になります。
その際は、写真付の身分証明書のコピーが必要となります。
日本の役所に婚姻届が受理されたら、その後、ブラジル大使館に報告的届出をします。

■ブラジル大使館に提出するもの

① 婚姻届受理証明書
② 婚姻届出記載事項証明書と、市役所に提出した添付書類の写し

③　戸籍謄本
④　２人の身分証明書（パスポートや運転免許証等）
以上で、婚姻手続は完了です。

Ｂ　ブラジルで婚姻手続をする場合

①　結婚する場所の市役所において「結婚の公示」を申請します。

■公示申請に必要な書類

・結婚する当事者の身分証明書
・日本人の認証済の婚姻要件具備証明書
・日本人の戸籍謄本（外務省の認証および翻訳付き）
・ブラジル人の出生証明書

②　結婚の公示が新聞に約１か月掲載されます。
③　公示期間終了後、市役所において結婚式の予約をします。
④　結婚式を実施します。

結婚式が終了すると、婚姻証明書を発行してもらえるようになります。
その後、日本大使館に報告的届出をします。

■日本大使館に提出するもの

① 婚姻届
② 日本人配偶者の戸籍謄本
③ 婚姻証明書と和訳文
④ ブラジル人配偶者の出生証明書原本と和訳文
日本大使館に届出をすれば、婚姻手続は終了です。

第3章　入管申請の基礎知識

1　配偶者ビザの申請では何を聞かれるのか

日本人の配偶者ビザ申請の際には、２人の交際の経緯をすべて聞かれることになります。そこにプライバシーというものは、ほとんど存在しないくらいです。口頭で聞かれるわけではなく、文書で回答する形です。

例えば、配偶者ビザの申請では、「質問書」という書類があり、それに回答しなければなりません。その質問内容は、「初めて知り合った時期」「場所」「結婚までのいきさつ」「紹介を受けたか」「紹介を受けたいきさつ」「離婚歴があるか」など、その他にも年月日を示しながら文書で説明するという形になります。

また、２人の写真は、現実的には必須書類です。出入国在留管理局は、偽装結婚での配偶者ビザ取得防止のため、かなり突っ込んで聞いているので、あまり気を悪くしないようにしましょう。

2　日本人の配偶者ビザ申請のポイント

配偶者ビザの手続は、証明書類・立証資料を揃える責任が申請者側にありますので、自分で手続すると思いのほか難しく、書類不備・説明不足で不許可になってしまうケースが目立ちます。

正真正銘の結婚だからといって、必ずしも許可されないのが現状です。

特に、海外からの外国人配偶者呼び寄せは、最近の偽装結婚増加に伴い、審査が厳しくなっています。

１度不許可になった場合の再申請案件や、特に海外から外国人配偶者を呼び寄せる手続については、不許可になりやすいので、行政書士の専門家のサポートを受けられたほうが賢明だと感じています。

特に、不許可になりやすく専門家のサポートを受けたほうがよいケースというのは、次のとおりです。

・夫婦の年齢差がかなり大きい場合
・結婚紹介所のお見合いによる結婚の場合
・出会い系サイトで知り合った場合
・日本人の配偶者側の収入が低い場合（アルバイト・フリーター・無職など）
・日本人の配偶者側に過去外国人との離婚歴が複数ある場合、またはその逆のパターンの場合
・出会いがスナック、キャバクラなどの水商売のお店の場合
・交際期間がかなり短い場合
・交際期間を証明できる写真をほとんど撮ってきていなかったので写真がほとんどない場合
・結婚式を行っていない場合

3　海外から外国人配偶者を呼びたい

外国人配偶者が海外に住んでいる場合は、「日本に呼び寄せる」ということになります。呼び寄せる場合に、夫婦の出会いは大きく分けると2つあります

1つは、日本人のほうが仕事で海外へ駐在していたとか、あるいは留学していたとかで現地で知り合って、結婚した場合です。

【図表3　外国人配偶者を海外から呼び寄せる手続の流れ】

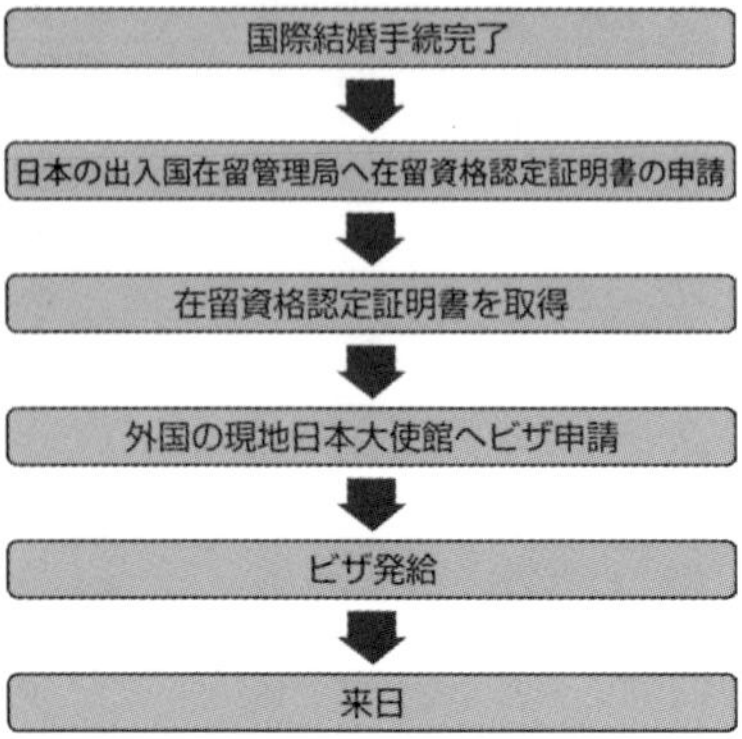

もう1つは、結婚紹介所等で国際結婚のお見合いをして結婚したケースです。

海外で結婚した場合、外国人の夫・妻は、ビザがありませんので、観光などで入ってくることはできますが、日本の長期ビザはまだない状態です。

この場合は、まず、日本の出入国在留管理局に「在留資格認定証明書」を申請します。審査が通ると、「在留資格認定証明書」がもらえますので、これを海外にいる夫・妻に送ります。

現地の日本領事館でこの証明書を添付して申請し、現地

でビザ（査証）をもらい、日本に来るという流れになります（図表3参照）。

在留資格認定証明書とは？

海外在住の外国人が「観光以外」で日本に入国する場合には、在留資格認定証明書を使って日本に入国するのが普通です。

「在留資格認定証明書」とは、出入国在留管理局が発行する証明書です。日本人と国際結婚した外国人が「日本人の配偶者等」の在留資格の許可基準に適合しているかどうかを審査し、審査が通れば交付されます。

この認定証明書を持参して、外国人配偶者自身が現地の日本大使館等へ行き、ビザの発給を受けます。

大使館での申請は、既に出入国在留管理局での審査は終了しているとの扱いですので、通常は数日でビザが発給されます。

在留資格認定証明書は、発行後90日間の有効期限がありますので、この期間内に日本に入国する必要があります。

在留資格認定証明書が交付されれば、原則として問題ないのは確かですが、在留資格認定証明書について1点だけ気をつけてほしいことがあります。それは、在留資格認定証明書が交付されたからといって、現地大使館で１００％許可されるということではないということです。

現地大使館での審査の中で、本人への電話調査や面談等、その他調査をした結果、偽装が疑われる場合は、いくら日本の出入国在留管理局で審査が通ったからといってスムーズにビザが発給されない場合もあります。

特に、過去偽装結婚が多かった国籍やエリアでその傾向が強いようです。

そうはいっても、ほとんどのケースで認定証明書が交付されている場合は、普通はビザが発給されますので、認定証明書が交付されたのに現地で不許可にされたというのはあくまでも例外になります。ですので認定証明書が交付されれば99・9％は入国できるとは思います。

短期滞在→日本人の配偶者等への変更

外国人配偶者が海外に住んでいる場合は、原則として「在留資格認定証明書交付申請」で日本に呼び寄せる手続になります。

ただし、在留資格認定証明書を使っての呼び寄せも、来日まで1～3か月くらいかかり、その間は離れ離れになります。例えば、中国人なら短期滞在を取って日本に来るか、韓国・台湾や欧米のような査証免除国の場合はノービザで日本に来る場合もあります。

ここで、入管手続の原則としては、「短期滞在」から「日本人の配偶者等」の変更申請は認められていません。つまり、申請自体ができないということです。

ただし、原則ですから例外もあります。「やむを得ない特別の事情」がある場合は、「短期滞在」

から「日本人の配偶者等」への在留資格変更が認められる場合があります。「やむを得ない特別な事情」とは、例えば、子どもが生まれた場合や病気になってしまったような場合が考えられます。

申請が認められるケースとしては、申請前に書類一式を準備し、出入国在留管理局の「永住審査部門」へ行き、書類一式を見てもらった上で、申請を受け付けてくれるように事前相談をしてから申請を認めてもらうことができた場合です。

もう1つの方法としては、短期滞在90日で来日し、すぐに在留資格認定証明書交付申請を行い、90日の短期滞在期間中に認定証明書がもらえた場合、認定証明書を添付して、今度は在留資格変更許可申請をするという手法です。

この方法を取れば、帰国せずに手続を進めることができます。この方法を取れば、帰国せずに手続を進めることができます。この方法を使う場合も、入管の永住審査部門に事前相談が必要になります。

認定証明書を紛失した場合は

外国人配偶者を日本に呼び寄せる場合、在留資格認定証明書を申請します。無事許可になり、出入国在留管理局から「認定証明書」が送られてきたら、それを現地の配偶者の元へ国際郵便で送ります。

認定証明書は、紙1枚なので、時々失くしてしまう方がいらっしゃるようです。自宅で失くす、郵便局へ行く途中で失くす、現地の配偶者が失くす、などいろいろあります。

認定証明書というのは、現地日本大使館に添付して提出しなければならない以上、認定証明書を失くした場合、添付することができない以上、申請もできません。したがって、再度出入国在留管理局で再交付してもらう必要があります。つまり、再申請となります。

再申請では、前回提出した資料を使ってもらえば、もう1度資料を全部集めなければならないで済みます。

ただし、「前の資料を使ってください」という内容の書式を使用しなければならず、それを使わないと、再度全部書類を揃えなければならなくなります。「前の資料を使ってください」というお願いをしても、万が一認めてもらえなかった場合は、結果的には再度全部書類を揃えなければなりません。

再申請ですから、ただ失くしたからという理由で即日再交付されるわけではありません。再申請に行って、一応の審査期間を経た後で、認定証明書が発行されます。

したがって、外国人配偶者が日本に来られるのは、スケジュール的にはかなり遅れてしまいます。紛失にはくれぐれもご注意ください。

4　外国人配偶者の在留資格を変更する

外国人の夫・妻が既に日本に住んでいて、就労ビザとか留学ビザとかの在留資格を持っている場合は、「在留資格」を変更することになります。

例えば「留学」→「日本人の配偶者等」に切り替えたり、「技術・人文知識・国際業務」→「日本人の配偶者等」へ切り替えたりする場合です。現在持っている在留資格から「日本人の配偶者等」という在留資格に変更します。

申請は、「在留資格変更許可申請」というものになります。

何年のビザ・在留資格がもらえるかというのは、婚姻期間、婚姻の信ぴょう性、安定性、継続性、家族構成を審査して結果が出ますが、通常、最初は1年のことが多いです。それで次回更新時に３年が出たりします。

在留資格変更許可とは

日本に在留している外国人が、現在持っている在留資格から、「日本人の配偶者等」などへ別の在留資格に変更する申請を「在留資格変更許可申請」といいます。

「在留資格の種類」の「変更」を許可してもらう手続です。ですから、この申請は、海外から呼ぶ場合は当てはまりません。既に何らかの在留資格を所持している場合、つまり日本に既に住んでいる外国人が在留資格を変更する手続です。

国際結婚に伴う在留資格の変更で多いケースは、留学生が「日本人の配偶者等」へ変更する、または就労外国人が「就労」から「日本人の配偶者等」へ変更するなどが考えられます。

在留資格の変更は、特別な事情がない限り、速やかに変更申請を行うようにとされていますし、「日本人の配偶者等」の在留資格を取得すると就労制限がなくなったり、永住・帰化を申請するための要件のハードルが下がったりと、何かとよいので遅滞なく変更することをおすすめします。

在留資格変更許可申請は、海外からの呼び寄せと同じく、申請さえすれば必ず許可されるというものではありません。

法律上、「当該外国人が提出した文書により在留資格の変更を適当と認めるに足りる相当な理由があるときに限り、これを許可する」と規定されており、ただ結婚したからといって適当な書類を提出しても許可されません。しっかり準備して申請をする必要があります。

留学→日本人の配偶者等

日本語学校の留学生や、大学・専門学校の留学生と付合いが始まり、結婚に至った場合の「日本人の配偶者等」在留資格変更の手続するのか、卒業を待って留学から配偶者ビザに在留資格申請をするのか、学校を退学して在留資格変更申請をするのかで大きく難易度が異なります。

留学生が学校を卒業してから日本人の配偶者等への在留資格変更を申請する場合は、いってみれば留学生としての責務をまっとうし、結婚したのであるから、割りとスムーズに審査が運びます。

しかし、学校を退学して日本人の配偶者等への変更申請をする場合は、審査は厳しくなります。なぜなら、「なぜ退学をしたのか」という点を出入国在留管理局は突いてきます。偽装結婚でビザを取りたい外国人が多い中、「もう勉強したくないから日本人と結婚すれば日本にいられる」「出席率や成績が悪く退学になり留学ビザが切られそう」「高い学費を払うくらいなら日本人と結婚する」と考える外国人が少なからずいるからです。

したがって、通常なら提出する必要がないような書類、例えば学校の成績証明書や退学証明書などの学校の書類なども求められるケースが多いので、退学して日本人の配偶者へ変更する場合は、十分に準備してから申請をするようにおすすめします。

就労ビザ→日本人の配偶者等

近年、日本で働く外国人が増えてきており、職場で出会ったり、紹介などで付き合い始める日本人と外国人のカップルも増えてきています。

日本で働く外国人、就労系の在留資格を持って日本に在留しています。日本人と結婚した場合は、通常は、その就労系の在留資格から「日本人の配偶者等」へ変更手続を取ります。

就労系の在留資格を持って働いている外国人は、日本人と結婚したからといって「日本人の配偶者等」へ変更しなくても違法ではありません。

ただ、就労系の在留資格は、日本で生活する上で、そもそも就労上の制約があったり、今後永住申請や帰化の申請に当たり条件のハードルが上がったりしますので、「日本人の配偶者等」へは早めに変更手続を取っておいたほうがあとあと後悔せずにすみます。

就労ビザから日本人の配偶者等へ変更することのメリットは、次のとおりです。

・就労上の制限がなくなる（就労ビザは決められた仕事しかできません）
・仕事をやめてもビザが取り消しされない
・転職しても入管手続が不要
・永住許可条件のハードルが下がる
・帰化申請条件のハードルが下がる
・会社設立が手続上は容易になる（経営管理ビザ不要）

5　入管申請のプロ・行政書士の活用

行政書士という国家資格者で、さらに出入国在留管理局申請取次という資格を取得している行政書士は、クライアントの入管手続をサポートすることができます。単なる行政書士資格保持者では法律上サポートできません。

図表4、5のフローチャートでは、行政書士に「日本人の配偶者等」の在留資格申請を依頼した場合の流れを示します。

この流れは、個々の状況によって多少変わってくる場合もあるかもしれませんが、基本的には同じです。

このような流れで行政書士が依頼者のサポートを行っていきます。ご自分で申請の経験がない方

【図表５　在留資格変更許可申請の場合（ビザの変更）】

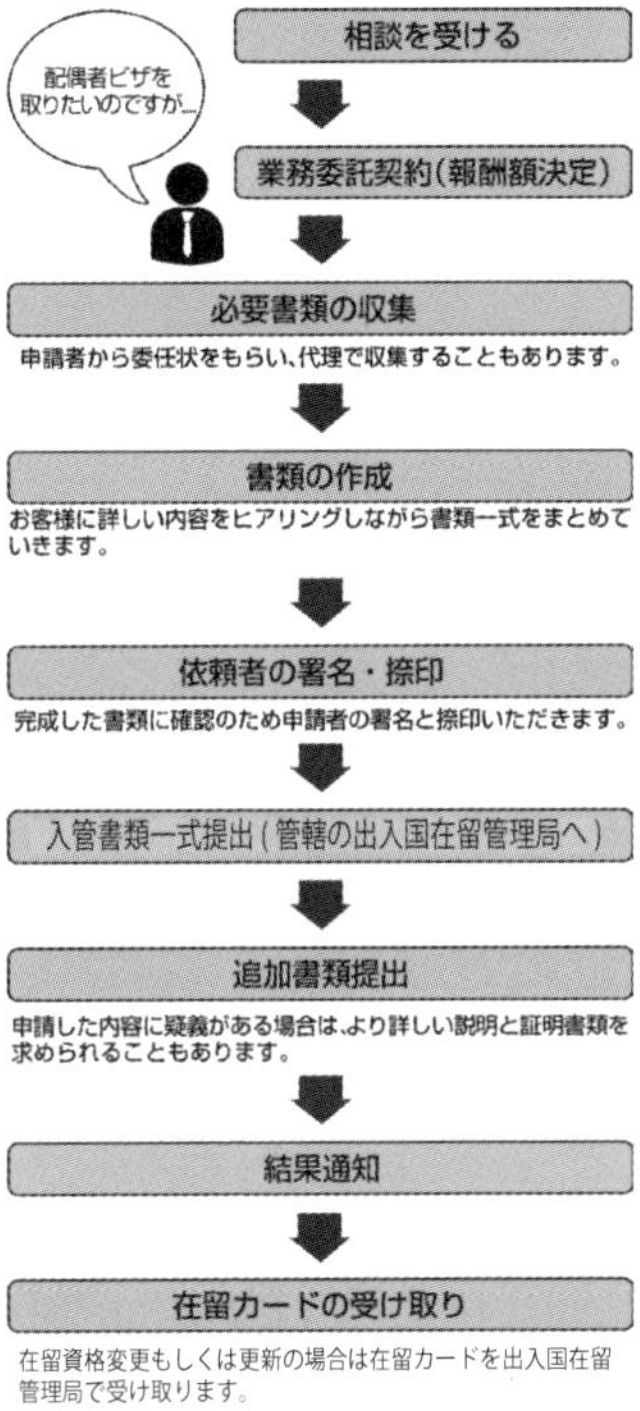
配偶者ビザを取りたいのですが…
相談を受ける
業務委託契約(報酬額決定)
必要書類の収集
申請者から委任状をもらい、代理で収集することもあります。
書類の作成
お客様に詳しい内容をヒアリングしながら書類一式をまとめていきます。
依頼者の署名・捺印
完成した書類に確認のため申請者の署名と捺印いただきます。
入管書類一式提出(管轄の出入国在留管理局へ)
追加書類提出
申請した内容に疑義がある場合は､より詳しい説明と証明書類を求められることもあります。
結果通知
在留カードの受け取り
在留資格変更もしくは更新の場合は在留カードを出入国在留管理局で受け取ります。

【図表４　在留資格認定証明書交付申請の場合（呼び寄せ）】

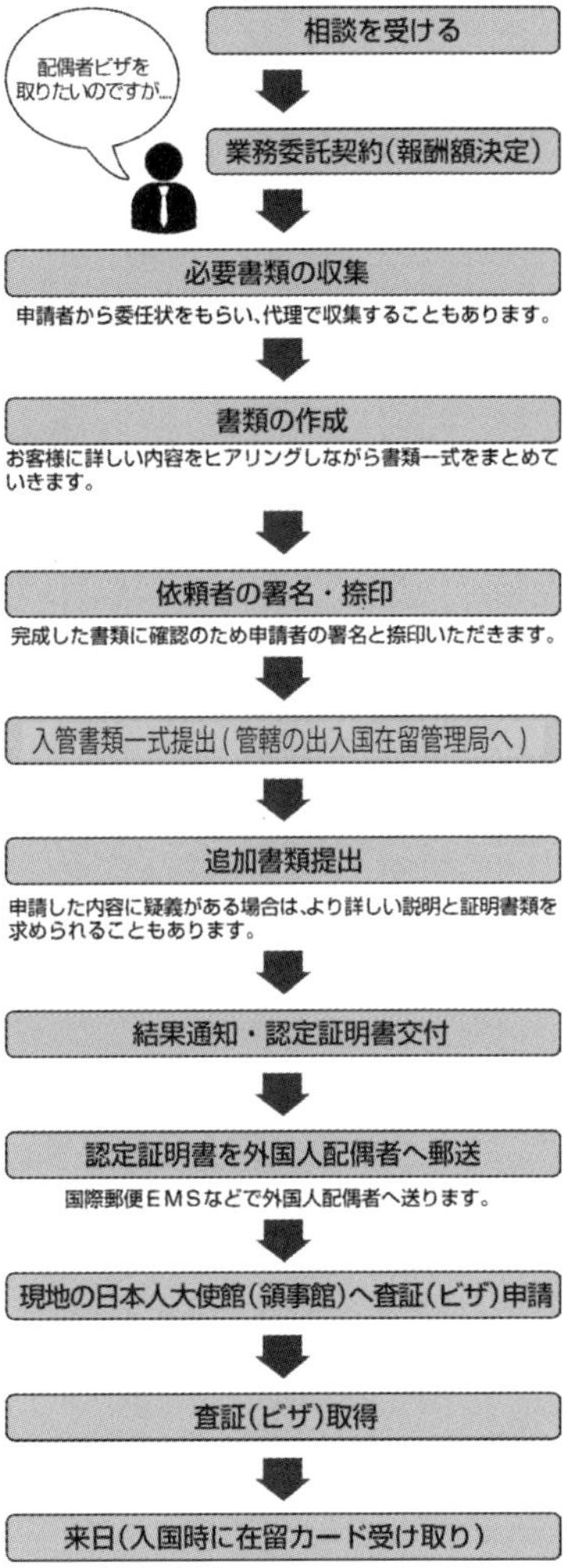
配偶者ビザを取りたいのですが…
相談を受ける
業務委託契約(報酬額決定)
必要書類の収集
申請者から委任状をもらい、代理で収集することもあります。
書類の作成
お客様に詳しい内容をヒアリングしながら書類一式をまとめていきます。
依頼者の署名・捺印
完成した書類に確認のため申請者の署名と捺印いただきます。
入管書類一式提出(管轄の出入国在留管理局へ)
追加書類提出
申請した内容に疑義がある場合は､より詳しい説明と証明書類を求められることもあります。
結果通知・認定証明書交付
認定証明書を外国人配偶者へ郵送
国際郵便ＥＭＳなどで外国人配偶者へ送ります。
現地の日本人大使館(領事館)へ査証(ビザ)申請
査証(ビザ)取得
来日(入国時に在留カード受け取り)

や仕事で忙しい方は、行政書士に最初から依頼してしまったほうが賢明です。

出入国在留管理局は、年々増え続けている外国人によって業務がパンパンです。特に、東京出入国在留管理局に行ってみていただければわかるのですが、毎日ものすごい数の外国人が申請に訪れていて、3〜4時間待ちなどはザラです。少しの疑問を解決するだけでも大変です。

国際結婚とビザの制度は、全く別の手続ですので、国際結婚したからといって必ずしも日本人の配偶者ビザがもらえるわけではありません。

日本人の配偶者ビザの手続は、証明・立証資料を揃える責任が申請者側にありますので、ご自分で手続するのは思いのほか難しく、書類不備・説明不足で不許可になってしまうケースが目立ちます。正真正銘の結婚だからといって必ずしも許可されないのが現状です。

特に、海外からの外国人配偶者呼び寄せは、最近の偽装結婚増加に伴い、審査が厳しくなっています。1度不許可になった場合の再申請案件や、海外から外国人配偶者を呼び寄せる手続は、不許可になりやすいので、行政書士の専門家のサポートを受けられたほうが賢明だと感じています。

普段、お仕事で忙しいあなたに代わって、申請書一式と理由書作成、さらに出入国在留管理局への申請代行から結果受取までしっかり対処してくれるはずです。専門の行政書士に頼めば、個々人の状況に合わせた上で、高いクオリティーで業務を行ってくれることが期待できます。

第4章　入管申請書類作成ガイド・マニュアル

1　在留資格認定証明書交付申請書の書き方

■1枚目■（図表6）

証明写真

右上の写真は、縦が4センチ、横が3センチの証明写真となります。基本的には3か月以内に撮影したものです。以前の在留カードと同じ写真や、パスポートと同じ写真では、入管窓口で撮り直しを指示され、別の写真を貼るように言われますのでご注意ください。

1　国籍・地域

この欄には、申請人の国籍を記入します。例：中国、韓国、ベトナムなど。

地域とあるのは、日本の立場から国とされていない台湾や香港などが該当します。基本的には、国名を書いておけば間違いありません。

2　生年月日

生年月日は、必ず西暦を使ってください。例：1985年3月5日など。昭和や平成、令和は使

【図表６　在留資格認定証明書交付申請書①】

別記第六号の三様式（第六条の二関係）
申請人等作成用 1
For applicant, part 1

日本国政府法務省
Ministry of Justice, Government of Japan

在留資格認定証明書交付申請書
APPLICATION FOR CERTIFICATE OF ELIGIBILITY

写真
Photo
40mm × 30mm

法務大臣殿
To the Minister of Justice

出入国管理及び難民認定法第7条の2の規定に基づき，次のとおり同法第7条第1項第2号に掲げる条件に適合している旨の証明書の交付を申請します。
Pursuant to the provisions of Article 7-2 of the Immigration Control and Refugee Recognition Act, I hereby apply for the certificate showing eligibility for the conditions provided for in 7, Paragraph 1, Item 2 of the said Act.

1 国籍・地域 Nationality/Region ＿＿＿＿　2 生年月日 Date of birth ＿＿ 年 Year ＿ 月 Month ＿ 日 Day

3 氏名 Name　Family name ＿＿＿＿ Given name ＿＿＿＿

4 性別 Sex　男・女 Male / Female　5 出生地 Place of birth ＿＿＿＿　6 配偶者の有無 Marital status　有・無 Married / Single

7 職業 Occupation ＿＿＿＿　8 本国における居住地 Home town/city ＿＿＿＿

9 日本における連絡先 Address in Japan ＿＿＿＿

電話番号 Telephone No. ＿＿＿＿　携帯電話番号 Cellular phone No. ＿＿＿＿

10 旅券 Passport　(1)番号 Number ＿＿＿＿　(2)有効期限 Date of expiration ＿＿ 年 Year ＿ 月 Month ＿ 日 Day

11 入国目的（次のいずれか該当するものを選んでください。） Purpose of entry: check one of the followings

□ I「教授」 "Professor"　□ I「教育」 "Instructor"　□ J「芸術」 "Artist"　□ J「文化活動」 "Cultural Activities"　□ K「宗教」 "Religious Activities"　□ L「報道」 "Journalist"
□ L「企業内転勤」 "Intra-company Transferee"　□ L「研究（転勤）」 "Researcher (Transferee)"　□ M「経営・管理」 "Business Manager"　□ N「研究」 "Researcher"
□ N「技術・人文知識・国際業務」 "Engineer / Specialist in Humanities / International Services"　□ N「介護」 "Nursing Care"　□ N「技能」 "Skilled Labor"　□ N「特定活動（研究活動等）」 "Designated Activities (Researcher or IT engineer of a designated org)"
□ V「特定技能（1号）」 "Specified Skilled Worker (i)"　□ V「特定技能（2号）」 "Specified Skilled Worker (ii)"　□ O「興行」 "Entertainer"　□ P「留学」 "Student"　□ Q「研修」 "Trainee"
□ Y「技能実習（1号）」 "Technical Intern Training (i)"　□ Y「技能実習（2号）」 "Technical Intern Training (ii)"　□ Y「技能実習（3号）」 "Technical Intern Training (iii)"
□ R「家族滞在」 "Dependent"　□ R「特定活動（研究活動等家族）」 "Designated Activities (Dependent of Researcher or IT engineer of a designated org)"　□ R「特定活動（EPA家族）」 "Designated Activities(Dependent of EPA)"
□ T「日本人の配偶者等」 "Spouse or Child of Japanese National"　□ T「永住者の配偶者等」 "Spouse or Child of Permanent Resident"　□ T「定住者」 "Long Term Resident"
□「高度専門職（1号イ）」 "Highly Skilled Professional(i)(a)"　□「高度専門職（1号ロ）」 "Highly Skilled Professional(i)(b)"　□「高度専門職（1号ハ）」 "Highly Skilled Professional(i)(c)"　□ U「その他」 Others

12 入国予定年月日 Date of entry ＿＿ 年 Year ＿ 月 Month ＿ 日 Day　13 上陸予定港 Port of entry ＿＿＿＿

14 滞在予定期間 Intended length of stay ＿＿＿＿　15 同伴者の有無 Accompanying persons, if any　有・無 Yes / No

16 査証申請予定地 Intended place to apply for visa ＿＿＿＿

17 過去の出入国歴 Past entry into / departure from Japan　有・無 Yes / No
（上記で『有』を選択した場合） (Fill in the followings when the answer is "Yes")
回数 ＿＿ 回 time(s)　直近の出入国歴 The latest entry from ＿＿ 年 Year ＿ 月 Month ＿ 日 Day から to ＿＿ 年 Year ＿ 月 Month ＿ 日 Day

18 犯罪を理由とする処分を受けたことの有無（日本国外におけるものを含む。） Criminal record (in Japan / overseas)
有（具体的内容 ＿＿＿＿）・無
Yes (Detail: ＿＿＿＿) / No

19 退去強制又は出国命令による出国の有無　有・無
Departure by deportation /departure order　Yes / No
（上記で『有』を選択した場合） (Fill in the followings when the answer is "Yes")
回数 ＿＿ 回 time(s)　直近の送還歴 The latest departure by deportation ＿＿ 年 Year ＿ 月 Month ＿ 日 Day

20 在日親族（父・母・配偶者・子・兄弟姉妹など）及び同居者
Family in Japan (Father, Mother, Spouse, Son, Daughter, Brother, Sister or others) or co-residents
有（「有」の場合は，以下の欄に在日親族及び同居者を記入してください。）・無
Yes (If yes, please fill in your family members in Japan and co-residents in the following columns) / No

続柄 Relationship	氏名 Name	生年月日 Date of birth	国籍・地域 Nationality/Region	同居予定の有無 Intended to reside with applicant or not	勤務先・通学先 Place of employment/school	在留カード番号 特別永住者証明書番号 Residence card number Special Permanent Resident Certificate number
				有・無 Yes / No		
				有・無 Yes / No		
				有・無 Yes / No		
				有・無 Yes / No		

※ 20については，記載欄が不足する場合は別紙に記入して添付すること。 なお，「研修」，「技能実習」に係る申請の場合は記載不要です。
Regarding item 20, if there is not enough space in the given columns to write in all of your family in Japan, fill in and attach a separate sheet.
In addition, take note that you are not required to fill in item 20 for applications pertaining to "Trainee" / "Technical Intern Training".

（注）裏面参照の上，申請に必要な書類を作成して下さい。 Note : Please fill in forms required for application. (See notes on reverse side.)

いません。

3　氏名

氏名は、基本的にパスポートどおりに記入します。中国人や韓国人のような漢字の名前がある場合は、漢字とアルファベットを必ず併記するようにします。

アルファベットしかない名前の場合は、アルファベットだけで構いません。

中国人の記載例：王　柳　Wang Liu

4　性別

どちらかの性別に丸をつけます。

5　出生地

生まれた場所を記入します。例：中国上海市など。

6　配偶者の有無

有か無に丸をつけますが、ここは絶対に有にチェックになります。なぜなら、申請前に入籍していなければならないからです。

7　職業

申請人の職業を記載します。例：会社員、自営業、無職など。

8　本国における居住地

現在の外国人配偶者が住んでいる住所を記入します。

9　日本における連絡先

この欄には、基本的には日本人側の住所と電話番号・携帯電話番号を記入します。

10　旅券

旅券とは、パスポートのことです。外国人側のパスポートを見ながら、⑴番号は、パスポートのナンバーを書きます。⑵有効期限は、パスポートの有効期限を書きます。有効期限は、数字で記入してください。

11　入国目的

今回は、日本人と結婚して日本に招聘されるわけですから、Ｔ「日本人の配偶者等」の前の□にチェックを入れてください。

12　**入国予定年月日**

外国人配偶者の入国予定日を記入することになりますが、ここはあくまで予定日です。在留資格認定証明書が許可されないうちに、航空券を買って入国日を決定できるわけがないと思いますが、審査期間が1～2か月程度と考え、申請日から2～3か月後の予定日を入れておくとよいでしょう。

13　**上陸予定港**

例としては、「成田空港」や「関西国際空港」などと記入します。どこで日本に入国する予定かということです。基本的には、どこかの空港になると思います。

14　**滞在予定期間**

外国人配偶者がどのくらい日本に滞在する予定かということですが、基本的に日本人と結婚を継続する限り、ずっと日本にいる予定のはずです。記載例：長期など。

15　**同伴者の有無**

外国人配偶者が日本に入国する際に、一緒に入国する外国人がいるかということです。例えば、外国籍の連れ子と一緒に入国する場合は「有」にチェックし、同伴者がいない場合は「無」にチェックします。

16　査証申請予定地

「査証」とはビザのことです。日本の出入国在留管理局で在留資格認定証明書を取得したら、現地の外国人配偶者へ送ります。外国人配偶者は、それを持って日本大使館（領事館）へ行き、査証（ビザ）を申請するわけですが、どこの日本大使館（領事館）へ行く予定かということです。
例：瀋陽、ソウル、バンコクなど。

17　過去の出入国歴

申請人である外国人配偶者が、過去に日本に入国したことがあるかどうかを問う質問です。今回が初めての入国になるなら「無」にチェックすればよいですが、日本に入国したことがある場合は、パスポートの記録などを見ながら、今まで何回日本に入国したことがあるのかと、直近の入国歴をいつからいつまでというように記入してください。もし、現時点で短期で日本に来ている場合は、いつから現在まで、というような記載となります。

18　犯罪を理由とする処分を受けたことの有無

犯罪で処分を受けたことがあるかということです。処分を受けたことなので、具体的に懲役や罰金などが該当します。わかりやすくいえば、自転車泥棒で捕まったことがあっても、罰金などの処分を受けてなければ「無」となります。

19　**退去強制又は出国命令による出国の有無**

これは、過去、日本に住んでいたことがあった場合に、オーバーステイや不法滞在などで出入国在留管理局の退去強制や出国命令により出国したことがあるかという質問になります。

20　**在日親族（父・母・配偶者・子・兄弟姉妹など）及び同居者**

この欄に、外国人配偶者の親族が日本にいる場合は記入します。その場合、在留カード番号や勤務先の社名や通学先の学校名なども、具体的に記入しなければなりません。

日本人配偶者の名前は、当然に記入しますが、注意点は同居者も記入するということです。日本人側の父母と同居するような場合は、父母の名前などの個人情報も記入することになります。

■2枚目■（図表7）

21　**身分又は地位**

日本人の配偶者の□にチェックを入れます。

【図表７　在留資格認定証明書交付申請書②】

申請人等作成用２　T（「日本人の配偶者等」・「永住者の配偶者等」・「定住者」）　在留資格認定証明書用
For applicant, part 2 T ("Spouse or Child of Japanese National" / "Spouse or Child of Permanent Resident" / "Long Term Resident")　For certificate of eligibility

21 身分又は地位　Personal relationship or status
- □ 日本人の配偶者 Spouse of Japanese national
- □ 日本人の実子 Biological child of Japanese national
- □ 日本人の特別養子 Child adopted by Japanese nationals in accordance with the provisions of Article 817-2 of the Civil Code (Law No.89 of 1896)
- □ 永住者又は特別永住者の配偶者 Spouse of Permanent Resident or Special Permanent Resident
- □ 永住者又は特別永住者の実子 Biological child of Permanent Resident or Special Permanent Resident
- □ 日本人の実子の実子 Biological child of biological child of Japanese national
- □ 日本人の実子又は「定住者」の配偶者 Spouse of biological child of Japanese national or "Long Term Resident"
- □ 日本人・永住者・特別永住者・日本人の配偶者・永住者の配偶者又は「定住者」の未成年で未婚の実子 Biological child who is a minor and single of Japanese,"Permanent Resident","Special Permanent Resident", Spouse of Japanese national, Spouse of Permanent Resident or "Long Term Resident"
- □ 日本人・永住者・特別永住者又は「定住者」の6歳未満の養子 Adopted child who is under 6 years old of Japanese,"Permanent Resident","Special Permanent Resident" or "Long Term Resident"
- □ その他（　　　　　　　　　　　　） Others

22 婚姻，出生又は縁組の届出先及び届出年月日　Authorities where marriage, birth or adoption was registered and date of registration
(1)日本国届出先 Japanese authorities ＿＿＿＿＿＿　届出年月日 Date of registration ＿＿ 年 Year ＿＿ 月 Month ＿＿ 日 Day
(2)本国等届出先 Foreign authorities ＿＿＿＿＿＿　届出年月日 Date of registration ＿＿ 年 Year ＿＿ 月 Month ＿＿ 日 Day

23 申請人の勤務先等　Place of employment or organization to which the applicant is to belong
※日本における勤務予定先を記載すること。
Fill in the name of the intended place of work in Japan.
※(2)については，主たる勤務場所の所在地及び電話番号を記載すること。
For sub-items (2) , give the address and telephone number of your principal place of employment.
(1)名称 Name ＿＿＿＿＿＿　支店・事業所名 Name of branch ＿＿＿＿＿＿
(2)所在地 Address ＿＿＿＿＿＿　電話番号 Telephone No. ＿＿＿＿＿＿
(3)年　収 Annual income ＿＿＿＿ 円 Yen

24 滞在費支弁方法 Method of support to pay for expenses while in Japan
(1)支弁方法及び月平均支弁額　Method of support and an amount of support per month (average)
- □ 本人負担 Self ＿＿＿＿ 円 Yen
- □ 在外経費支弁者負担 Supporter living abroad ＿＿＿＿ 円 Yen
- □ 在日経費支弁者負担 Supporter in Japan ＿＿＿＿ 円 Yen
- □ 身元保証人 Guarantor ＿＿＿＿ 円 Yen
- □ その他 Others ＿＿＿＿ 円 Yen

(2)送金・携行等の別　Remittances from abroad or carrying cash
- □ 外国からの携行 Carrying from abroad ＿＿＿＿ 円 Yen
- □ 外国からの送金 Remittances from abroad ＿＿＿＿ 円 Yen
- （携行者 Name of the individual carrying cash ＿＿＿＿　携行時期 Date and time of carrying cash ＿＿＿＿）
- □ その他 Others ＿＿＿＿ 円 Yen

(3)経費支弁者（後記25と異なる場合に記入）Supporter (Fill in the following in cases where different person other than that given in 25 below.)
①氏　名 Name ＿＿＿＿＿＿
②住　所 Address ＿＿＿＿＿＿　電話番号 Telephone No. ＿＿＿＿＿＿
③職業（勤務先の名称）Place of employment ＿＿＿＿＿＿　電話番号 Telephone No. ＿＿＿＿＿＿
④年　収 Annual income ＿＿＿＿ 円 Yen

22　婚姻、出生又は縁組の届出先及び届出年月日

婚姻で呼ぶのですから、婚姻の届出先とその年月日を記載することになります。

(1)は、日本での届出先です。通常、市区町村役場となります。例：新宿区役所、八王子市役所など。届出をした年月日も記載してください。忘れてしまった場合は、戸籍謄本を見れば年月日が書いてあるはずです。

(2)は、外国人側母国での届出先とその年月日を記入します。例：中国瀋陽民生局など。

23　申請人の勤務先等

外国人配偶者が来日後に勤務する会社がもう決まっている場合は記入します。ただし、これから来日する外国人が採用内定をもらっているということはあまり考えられませんので、その場合は「なし」と記入します。

24　滞在費支弁方法

滞在費支弁方法とは、要するに日本での生活費は誰がいくら出すんですかという質問です。通常、日本人配偶者が身元保証人となります。したがって、(1)では、身元保証人の□にチェックをします。金額は、例：月額20万円などと収入に合わせて記入してください。

(2)と(3)は、状況に合わせて記載してください。特に何もない場合は、(2)と(3)は空欄で構いません。

■３枚目■

25　扶養者（申請人が扶養を受ける場合に記入）

外国から外国人配偶者を日本に呼ぶ場合は、通常日本人側が扶養者になるはずです。したがって、日本人配偶者の氏名や生年月日、国籍を記入します。

日本人ですので、⑷⑸⑹⑺は空欄です。⑻は、夫か妻にチェックを入れましょう。ただし、日本人配偶者が無職などで外国人配偶者を扶養できない場合は、別にたてた扶養者の情報を記入してください。

⑼～⑾は、勤務先の情報になります。

26　在日身元保証人又は連絡先

在日身元保証人の情報を記入していくことになりますが、25と内容がかぶる場合も多いです。それでも空欄にせず必ず記入しましょう。

27　申請人、法定代理人、法７条の２第２項に規定する代理人

この欄には、招聘する側の人間の情報を記入しますので、通常は日本人配偶者の個人情報を記載します。

最後に、自筆で署名と署名した年月日を記入します。一番下の「※取次者」とは、行政書士に依

頼した場合に行政書士側で記入する署名欄になります。

2　在留資格変更許可申請書の書き方

■1枚目■（図表8）

証明写真

写真は、縦が4センチ、横が3センチの証明写真となります。基本的には、3か月以内に撮影したものです。

以前の在留カードと同じ写真や、パスポートと同じ写真では、入管窓口で撮り直しを指示され、別の写真を貼るようにいわれますのでご注意ください。

1　国籍・地域

この欄には、申請人の国籍を記入します。例：中国、韓国、ベトナムなど。

地域とあるのは、日本の立場から国とされていない台湾や香港などが該当します。基本的には、国名を書いておけば間違いありません。

【図表８　在留資格変更許可申請書①】

別記第三十号様式（第二十条関係）
申請人等作成用 1
For applicant, part 1

日本国政府法務省
Ministry of Justice,Government of Japan

在 留 資 格 変 更 許 可 申 請 書
APPLICATION FOR CHANGE OF STATUS OF RESIDENCE

写 真
Photo

入国管理局長　殿
To the Director General of　Regional Immigration Bureau

出入国管理及び難民認定法第20条第2項の規定に基づき，次のとおり在留資格の変更を申請します。
Pursuant to the provisions of Paragraph 2 of Article 20 of the Immigration Control and Refugee Recognition Act, I hereby apply for a change of status of residence.

1 国 籍・地 域 Nationality/Region　　2 生年月日 Date of birth　年 Year　月 Month　日 Day

3 氏 名 Name　Family name　Given name

4 性 別 Sex　男・女 Male / Female　5 出生地 Place of birth　6 配偶者の有無 Marital status　有・無 Married / Single

7 職 業 Occupation　8 本国における居住地 Home town/city

9 住居地 Address in Japan

電話番号 Telephone No.　携帯電話番号 Cellular phone No.

10 旅券 Passport　(1)番 号 Number　(2)有効期限 Date of expiration　年 Year　月 Month　日 Day

11 現に有する在留資格 Status of residence　在留期間 Period of stay

在留期間の満了日 Date of expiration　年 Year　月 Month　日 Day

12 在留カード番号 Residence card number

13 希望する在留資格 Desired status of residence

在留期間 Period of stay　（審査の結果によって希望の期間とならない場合があります。）(It may not be as desired after examination.)

14 変更の理由 Reason for change of status of residence

15 犯罪を理由とする処分を受けたことの有無（日本国外におけるものを含む。）Criminal record (in Japan / overseas)
有（具体的内容 Yes (Detail:　）・無) / No

16 在日親族（父・母・配偶者・子・兄弟姉妹など）及び同居者
Family in Japan(Father, Mother, Spouse, Son, Daughter, Brother, Sister or others) or co-residents

続柄 Relationship	氏名 Name	生年月日 Date of birth	国籍・地域 Nationality/Region	同居 Residing with applicant or not	勤務先・通学先 Place of employment/ school	在留カード番号 特別永住者証明書番号 Residence card number Special Permanent Resident Certificate number
				はい・いいえ Yes / No		
				はい・いいえ Yes / No		
				はい・いいえ Yes / No		
				はい・いいえ Yes / No		
				はい・いいえ Yes / No		
				はい・いいえ Yes / No		

※ 16については，記載欄が不足する場合は別紙に記入して添付すること。 なお，「研修」，「技能実習」に係る申請の場合は記載不要です。
Regarding item 16, if there is not enough space in the given columns to write in all of your family in Japan, fill in and attach a separate sheet.
In addition, take note that you are not required to fill in item 16 for applications pertaining to 「Trainee」 or 「Technical Intern Training」.

（注）裏面参照の上，申請に必要な書類を作成して下さい。 Note : Please fill in forms required for application. (See notes on reverse side.)

2　**生年月日**

生年月日は、必ず西暦を使ってください。例：1985年3月5日など。昭和や平成、令和は使いません。

3　**氏名**

氏名は、基本的にパスポートどおりに記入します。

中国人や韓国人のような漢字の名前がある場合は、漢字とアルファベットを併記します。

アルファベットしかない名前の場合はアルファベットだけで構いません。

中国人の記載例：王　柳　Wang Liu。

4　**性別**

どちらかの性別に丸をつけます。

5　**出生地**

生まれた場所を記入します。例：中国上海市　など。

6　**配偶者の有無**

「有」か「無」に丸をつけますが、ここは絶対に「有」に丸になります。なぜなら、申請前に入籍していなければならないからです。

７　職業

申請人の職業を記載します。例：会社員、自営業、無職など。

８　本国における居住地

現在の外国人配偶者が住んでいる住所を記入します。

９　住居地

この欄には、基本的には日本人と同居した上で外国人の住所を書きます。住民票どおりに記入してください。

電話番号・携帯電話番号を記入します。固定電話番号がない場合は、携帯電話番号だけでかまいません。

10　旅券

旅券とは、パスポートのことです。申請人（外国人）のパスポートを見ながら、⑴番号は、パスポートのナンバーを書きます。⑵有効期限は、パスポートの有効期限を書きます。有効期限は数字で記入してください。

11　現に有する在留資格

現在持っている在留資格の種類を書きます。在留カードを見れば、種類と在留期間と在留期間の満了日が書いてあります。

12　在留カード番号

在留カードの番号も在留カードに記載されていますので、見ながら記入します。

13　希望する在留資格

今回は、日本人と結婚したことによる在留資格の変更ですので、「日本人の配偶者等」と記載してください。在留期間の欄は希望する年数を書くことになります。リクエストするのは事由ですので、一番長い「5年」と記載しても問題ありませんが、カッコ書きにあるように5年と書いたからといって5年がもらえるわけではありません。期間は、出入国在留管理局の判断で決定されます。

14　変更の理由

変更の理由は、基本的に別紙にて長文でまとめますので、この欄では一言「日本人〇〇〇と結婚したため」で大丈夫です。

15　**犯罪を理由とする処分を受けたことの有無**

犯罪で処分を受けたことがあるかということです。処分を受けたことなので、具体的に懲役や罰金などが該当します。わかりやすくいえば、自転車泥棒で捕まったことがあっても、罰金などの処分を受けてなければ「無」となります。

16　**在日親族（父・母・配偶者・子・兄弟姉妹など）及び同居者**

この欄には、外国人配偶者の親族が日本にいる場合は記入します。

その場合、在留カード番号や勤務先の社名や通学先の学校名なども具体的に記入しなければなりません。

日本人配偶者の名前は当然に記入しますが、注意点は同居者も記入するということです。

日本人側の父母と同居するような場合は、父母の名前などの個人情報も記入することになります。

■２枚目■（図表９）

17　**身分又は地位**

日本人の配偶者の□にチェックを入れます。

【図表９　在留資格変更許可申請書②】

申請人等作成用２　T（「日本人の配偶者等」・「永住者の配偶者等」・「定住者」）　在留期間更新・在留資格変更用
For applicant, part 2 T ("Spouse or Child of Japanese National" / "Spouse or Child of Permanent Resident" / "Long Term Resident")　For extension or change of status

17 身分又は地位　Personal relationship or status
- □ 日本人の配偶者 Spouse of Japanese national
- □ 日本人の実子 Biological child of Japanese national
- □ 日本人の特別養子 Child adopted by Japanese nationals in accordance with the provisions of Article 817-2 of the Civil Code (Law No.89 of 1896)
- □ 永住者又は特別永住者の配偶者 Spouse of Permanent Resident or Special Permanent Resident
- □ 永住者又は特別永住者の実子 Biological child of Permanent Resident or Special Permanent Resident
- □ 日本人の実子の実子 Biological child of biological child of Japanese national
- □ 日本人の実子又は「定住者」の配偶者 Spouse of biological child of Japanese national or "Long Term Resident"
- □ 日本人・永住者・特別永住者・日本人の配偶者・永住者の配偶者又は「定住者」の未成年で未婚の実子 Biological child who is a minor of Japanese,"Permanent Resident","Special Permanent Resident", Spouse of Japanese national, Spouse of Permanent Resident or "Long Term Resident"
- □ 日本人・永住者・特別永住者又は「定住者」の6歳未満の養子 Adopted child who is under 6 years old of Japanese,"Permanent Resident","Special Permanent Resident" or "Long Term Resident"
- □ その他(　　　　) Others

18 婚姻，出生又は縁組の届出先及び届出年月日　Authorities where marriage, birth or adoption was registered and date of registration
(1)日本国届出先 Japanese authorities ＿＿＿＿　届出年月日 Date of registration ＿＿ 年 Year ＿＿ 月 Month ＿＿ 日 Day
(2)本国等届出先 Foreign authorities ＿＿＿＿　届出年月日 Date of registration ＿＿ 年 Year ＿＿ 月 Month ＿＿ 日 Day

19 申請人の勤務先等　Place of employment or organization to which the applicant belongs
(1)名称 Name ＿＿＿＿　支店・事業所名 Name of branch ＿＿＿＿
(2)所在地 Address ＿＿＿＿　電話番号 Telephone No. ＿＿＿＿
(3)年　収 Annual income ＿＿＿＿ 円 Yen

20 滞在費支弁方法　Method of support to pay for expenses while in Japan
(1)支弁方法及び月平均支弁額　Method of support and an amount of support per month (average)
- □ 本人負担 Self ＿＿＿＿ 円 Yen
- □ 在外経費支弁者負担 Supporter living abroad ＿＿＿＿ 円 Yen
- □ 在日経費支弁者負担 Supporter in Japan ＿＿＿＿ 円 Yen
- □ 身元保証人 Guarantor ＿＿＿＿ 円 Yen
- □ その他 Others ＿＿＿＿ 円 Yen

(2)送金・携行等の別　Remittances from abroad or carrying cash
- □ 外国からの携行 Carrying from abroad ＿＿＿＿ 円 Yen
- □ 外国からの送金 Remittances from abroad ＿＿＿＿ 円 Yen
- （携行者 Name of the individual carrying cash ＿＿＿＿　携行時期 Date and time of carrying cash ＿＿＿＿）
- □ その他 Others ＿＿＿＿ 円 Yen

(3)経費支弁者（後記21と異なる場合に記入）　Supporter (Fill in the following in cases where different person other than that given in 21 below.)
①氏　名 Name ＿＿＿＿
②住　所 Address ＿＿＿＿　電話番号 Telephone No. ＿＿＿＿
③職業（勤務先の名称） Place of employment ＿＿＿＿　電話番号 Telephone No. ＿＿＿＿
④年　収 Annual income ＿＿＿＿ 円 Yen

18　婚姻、出生又は縁組の届出先及び届出年月日

婚姻の届出先とその年月日を記載することになります。

⑴は、日本での届出先です。

通常は、市区町村役場となります。例：新宿区役所、八王子市役所など。

届出をした年月日も記載してください。忘れてしまった場合は、戸籍謄本を見れば年月日が書いてあるはずです。

⑵は、外国人の本国への届出先とその年月日を記入します。在留資格変更許可申請の場合は、日本で先に結婚し、在日本国大使館へ届出していることも多いと思います。例：在日韓国大使館　など。

19　申請人の勤務先等

外国人配偶者が現在どこかに勤務している場合は、就労先の会社名や連絡先を記入します。また、現時点での年収も記載してください。年収は、課税証明書もしくは納税証明書に記載があります。

20　滞在費支弁方法

滞在費支弁方法とは、要するに日本での生活費は誰がいくら出すのですかという質問です。外国人配偶者が仕事している場合は、本人負担の欄にチェックし、１か月の生活費を記入します。

また、それにあわせて、通常は日本人配偶者が身元保証人となります。したがって、身元保証人の□にもチェックをし、日本人側が出す生活費の月額を記入します。

金額は、例：月額20万円などと収入に合わせて記入してください。

⑵と⑶は、状況に合わせて記載してください。

特に何もない場合は、⑵と⑶は空欄で構いません。

■3枚目■（図表10）

21　扶養者（申請人が扶養を受ける場合に記入）

外国人配偶者側が、結婚後は日本人側から扶養されるという場合は、扶養者についての情報を記入してください。

外国人が仕事を持っていて、結婚後も扶養を受ける予定がない場合は、扶養者はいないので「なし」と記入します。

22　在日身元保証人又は連絡先

在日身元保証人の情報を記入していくことになりますが、通常は日本人配偶者が身元保証人となります。

したがって、日本人配偶者に関する情報を記入していきます。空欄にはせず、必ず記入するようにしましょう。

【図表 10　在留資格変更許可申請書③】

申請人等作成用 3　T（「日本人の配偶者等」・「永住者の配偶者等」・「定住者」）　在留期間更新・在留資格変更用
For applicant, part 3 T ("Spouse or Child of Japanese National" / "Spouse or Child of Permanent Resident" / "Long Term Resident")　For extension or change of status

21 扶養者（申請人が扶養を受ける場合に記入） Supporter (Fill in the followings when the applicant is being supported)
(1)氏　名 Name
(2)生年月日 Date of birth　年 Year　月 Month　日 Day　(3)国 籍・地 域 Nationality/Region
(4)在留カード番号 / 特別永住者証明書番号 Residence card number / Special Permanent Resident Certificate number
(5)在留資格 Status of residence　(6)在留期間 Period of stay
(7)在留期間の満了日 Date of expiration　年 Year　月 Month　日 Day
(8)申請人との関係（続柄） Relationship with the applicant
□ 夫 Husband　□ 妻 Wife　□ 父 Father　□ 母 Mother
□ 養父 Foster father　□ 養母 Foster mother　□ その他（　） Others
(9)勤務先名称 Place of employment　支店・事業所名 Name of branch
(10)勤務先所在地 Address　電話番号 Telephone No.
(11)年 収 Annual income　円 Yen

22 在日身元保証人又は連絡先 Guarantor or contact in Japan
(1)氏 名 Name　(2)職 業 Occupation
(3)住 所 Address
電話番号 Telephone No.　携帯電話番号 Cellular Phone No.

23 代理人（法定代理人による申請の場合に記入） Legal representative (in case of legal representative)
(1)氏 名 Name　(2)本人との関係 Relationship with the appllicant
(3)住 所 Address
電話番号 Telephone No.　携帯電話番号 Cellular Phone No.

以上の記載内容は事実と相違ありません。 I hereby declare that the statement given above is true and correct.
申請人（法定代理人）の署名／申請書作成年月日 Signature of the applicant (legal representative) / Date of filling in this form
年 Year　月 Month　日 Day

注意 Attention
申請書作成後申請までに記載内容に変更が生じた場合，申請人（法定代理人）が変更箇所を訂正し，署名すること。
In cases where descriptions have changed after filling in this application form up until submission of this application, the applicant (legal representative) must correct the part concerned and sign their name.

※ 取次者 Agent or other authorized person
(1)氏 名 Name　(2)住 所 Address
(3)所属機関等（親族等については，本人との関係） Organization to which the agent belongs (in case of a relative, relationship with the applicant)　電話番号 Telephone No.

23　**代理人**（法定代理人による申請の場合に記入）

この欄は、通常、空欄です。

なぜなら、結婚に伴う変更申請において、申請人に法定代理人がいるということは考えにくいからです。

最後に、申請人の自筆で署名と署名した年月日を記入します。

一番下の「※取次者」とは、行政書士に依頼した場合に行政書士側で記入する署名欄になります。

3　在留資格更新許可申請書（期間延長）の書き方

■１枚目■（図表11）

証明写真

写真は、縦が４センチ、横が３センチの証明写真となります。基本的には、３か月以内に撮影したものです。

以前の在留カードと同じ写真やパスポートと同じ写真では、入管窓口で撮り直しを指示され、別の写真を貼るようにいわれますのでご注意ください。

【図表 11　在留資格更新許可申請書①】

別記第三十号の二様式（第二十一条関係）
申請人等作成用 1
For applicant, part1

日本国政府法務省
Ministry of Justice,Government of Japan

在 留 期 間 更 新 許 可 申 請 書
APPLICATION FOR EXTENSION OF PERIOD OF STAY

写 真
Photo

入国管理局長　殿
To the Director General of　Regional Immigration Bureau

出入国管理及び難民認定法第21条第2項の規定に基づき，次のとおり在留期間の更新を申請します。
Pursuant to the provisions of Paragraph 2 of Article 21 of the Immigration Control and Refugee Recognition Act,
I hereby apply for extension of period of stay.

1 国 籍・地 域 Nationality/Region　2 生年月日 Date of birth　年 Year　月 Month　日 Day

3 氏 名 Name　Family name　Given name

4 性 別 Sex　男・女 Male/Female　5 出生地 Place of birth　6 配偶者の有無 Marital status　有・無 Married / Single

7 職 業 Occupation　8 本国における居住地 Home town/city

9 住居地 Address in Japan

電話番号 Telephone No.　携帯電話番号 Cellular phone No.

10 旅券 Passport　(1)番 号 Number　(2)有効期限 Date of expiration　年 Year　月 Month　日 Day

11 現に有する在留資格 Status of residence　在留期間 Period of stay

在留期間の満了日 Date of expiration　年 Year　月 Month　日 Day

12 在留カード番号 Residence card number

13 希望する在留期間 Desired length of extension　（審査の結果によって希望の期間とならない場合があります。）(It may not be as desired after examination.)

14 更新の理由 Reason for extension

15 犯罪を理由とする処分を受けたことの有無（日本国外におけるものを含む。） Criminal record (in Japan / overseas)
有（具体的内容　　）・無
Yes (Detail:　　) / No

16 在日親族（父・母・配偶者・子・兄弟姉妹など）及び同居者
Family in Japan(Father, Mother, Spouse, Son, Daughter, Brother, Sister or others) or co-residents

続 柄 Relationship	氏 名 Name	生年月日 Date of birth	国 籍・地 域 Nationality/Region	同 居 Residing with applicant or not	勤務先・通学先 Place of employment/ school	在 留 カ ー ド 番 号 特別永住者証明書番号 Residence card number Special Permanent Resident Certificate number
				はい・いいえ Yes / No		
				はい・いいえ Yes / No		
				はい・いいえ Yes / No		
				はい・いいえ Yes / No		
				はい・いいえ Yes / No		
				はい・いいえ Yes / No		

※ 16については，記載欄が不足する場合は別紙に記入して添付すること。 なお，「研修」，「技能実習」に係る申請の場合は記載不要です。
Regarding item 16, if there is not enough space in the given columns to write in all of your family in Japan, fill in and attach a separate sheet.
In addition, take note that you are not required to fill in item 16 for applications pertaining to "Trainee" or "Technical Intern Training".

（注）裏面参照の上，申請に必要な書類を作成して下さい。 Note : Please fill in forms required for application. (See notes on reverse side.)

1　国籍・地域

この欄には、申請人の国籍を記入します。例：中国、韓国、ベトナムなど。地域とあるのは、日本の立場から国とされていない台湾や香港などが該当します。基本的には、国名を書いておけば間違いありません。

2　生年月日

生年月日は、必ず西暦を使ってください。例：1985年3月5日など。昭和や平成、令和は使いません。

3　氏名

氏名は、基本的にパスポートどおりに記入します。

中国人や韓国人のような漢字の名前がある場合は、漢字とアルファベットを必ず併記するようにします。アルファベットしかない名前の場合は、アルファベットだけで構いません。

中国人の記載例：王　柳　Wang Liu

4　性別

どちらかの性別に丸をつけます。

５　出生地

生まれた場所を記入します。例：中国上海市など。

６　配偶者の有無

有か無に丸をつけますが、ここは絶対に有にチェックになります。なぜなら、申請前に入籍していなければならないからです。

７　職業

申請人の職業を記載します。例：会社員、自営業、無職など。

８　本国における居住地

現在の外国人配偶者が住んでいる住所を記入します。

９　住居地

この欄には、基本的には日本人と同居した上で、外国人の住所を書きます。住民票どおりに記入してください。

それから電話番号・携帯電話番号を記入します。固定電話番号がない場合は、携帯電話番号だけでかまいません。

10　旅券

旅券とは、パスポートのことです。申請人（外国人）のパスポートを見ながら、⑴番号はパスポートのナンバーを書きます。⑵有効期限はパスポートの有効期限を書きます。有効期限は、数字で記入してください。

11　現に有する在留資格

現在持っている在留資格の種類を書きます。在留カードを見れば、種類と在留期間と在留期間の満了日が書いてあります。

12　在留カード番号

在留カードの番号も在留カードに記載されていますので、見ながら記入します。

13　希望する在留資格

今回は、日本人と結婚したことによる在留資格の変更ですので、「日本人の配偶者等」と記載してください。

在留期間の欄は、希望する年数を書くことになります。リクエストするのは事由ですので、一番長い「5年」と記載しても問題ありませんが、カッコ書きにあるように5年と書いたからといって5年がもらえるわけではありません。

期間は出入国在留管理局の判断で決定されます。

14　変更の理由
変更の理由は、基本的に別紙にて長文でまとめますので、この欄では一言「日本人○○○と結婚したため」で大丈夫です。

15　犯罪を理由とする処分を受けたことの有無
犯罪で処分を受けたことがあるかということです。処分を受けたことなので、具体的に懲役や罰金などが該当します。

わかりやすくいえば、自転車泥棒で捕まったことがあっても、罰金などの処分を受けていなければ「無」とはなります。

16　在日親族（父・母・配偶者・子・兄弟姉妹など）及び同居者
この欄には、外国人配偶者の親族が日本にいる場合は記入します。

その場合、在留カード番号や勤務先の社名や通学先の学校名なども具体的に記入しなければなりません。

日本人配偶者の名前は当然に記入しますが、注意点は同居者も記入するということです。

日本人側の父母と同居するような場合は、父母の名前などの個人情報もきちんと記入することになります。

■2枚目■（図表12）

17　身分又は地位

日本人の配偶者の□にチェックを入れます。

18　婚姻、出生又は縁組の届出先及び届出年月日

婚姻の届出先とその年月日を記載することになります。
(1)は、日本での届出先です。通常は、市区町村役場となります。例：新宿区役所、八王子市役所など。届出をした年月日も記載してください。忘れてしまった場合は、戸籍謄本を見れば年月日が書いてあるはずです。
(2)は、外国人の本国への届出先とその年月日を記入します。在留資格変更許可申請の場合は、日本で先に結婚し、在日本国大使館へ届出していることも多いと思います。例：在日韓国大使館など。

【図表 12　在留資格更新許可申請書②】

申請人等作成用 2　T（「日本人の配偶者等」･「永住者の配偶者等」･「定住者」）　在留期間更新･在留資格変更用
For applicant, part 2 T ("Spouse or Child of Japanese National" / "Spouse or Child of Permanent Resident" / "Long Term Resident")　For extension or change of status

17 身分又は地位 Personal relationship or status

□ 日本人の配偶者 Spouse of Japanese national
□ 日本人の実子 Biological child of Japanese national
□ 日本人の特別養子 Child adopted by Japanese nationals in accordance with the provisions of Article 817-2 of the Civil Code (Law No.89 of 1896)
□ 永住者又は特別永住者の配偶者 Spouse of Permanent Resident or Special Permanent Resident
□ 永住者又は特別永住者の実子 Biological child of Permanent Resident or Special Permanent Resident
□ 日本人の実子の実子 Biological child of biological child of Japanese national
□ 日本人の実子又は「定住者」の配偶者 Spouse of biological child of Japanese national or "Long Term Resident"
□ 日本人･永住者･特別永住者･日本人の配偶者･永住者の配偶者又は「定住者」の未成年で未婚の実子 Biological child who is a minor of Japanese,"Permanent Resident","Special Permanent Resident", Spouse of Japanese national, Spouse of Permanent Resident or "Long Term Resident"
□ 日本人･永住者･特別永住者又は「定住者」の6歳未満の養子 Adopted child who is under 6 years old of Japanese,"Permanent Resident","Special Permanent Resident" or "Long Term Resident"
□ その他（　　　　　　　　　　　　） Others

18 婚姻，出生又は縁組の届出先及び届出年月日 Authorities where marriage, birth or adoption was registered and date of registration

(1)日本国届出先 Japanese authorities ＿＿＿＿＿＿　届出年月日 Date of registration ＿＿ 年 Year ＿＿ 月 Month ＿＿ 日 Day

(2)本国等届出先 Foreign authorities ＿＿＿＿＿＿　届出年月日 Date of registration ＿＿ 年 Year ＿＿ 月 Month ＿＿ 日 Day

19 申請人の勤務先等 Place of employment or organization to which the applicant belongs

(1)名称 Name ＿＿＿＿＿＿　支店･事業所名 Name of branch ＿＿＿＿＿＿

(2)所在地 Address ＿＿＿＿＿＿　電話番号 Telephone No. ＿＿＿＿＿＿

(3)年　収 Annual income ＿＿＿＿ 円 Yen

20 滞在費支弁方法 Method of support to pay for expenses while in Japan

(1)支弁方法及び月平均支弁額 Method of support and an amount of support per month (average)

□ 本人負担 Self ＿＿＿＿ 円 Yen　□ 在外経費支弁者負担 Supporter living abroad ＿＿＿＿ 円 Yen
□ 在日経費支弁者負担 Supporter in Japan ＿＿＿＿ 円 Yen　□ 身元保証人 Guarantor ＿＿＿＿ 円 Yen
□ その他 Others ＿＿＿＿ 円 Yen

(2)送金･携行等の別 Remittances from abroad or carrying cash

□ 外国からの携行 Carrying from abroad ＿＿＿＿ 円 Yen　□ 外国からの送金 Remittances from abroad ＿＿＿＿ 円 Yen
（携行者 Name of the individual carrying cash ＿＿＿＿　携行時期 Date and time of carrying cash ＿＿＿＿）　□ その他 Others ＿＿＿＿ 円 Yen

(3)経費支弁者（後記21と異なる場合に記入） Supporter (Fill in the following in cases where different person other than that given in 21 below.)

①氏　名 Name ＿＿＿＿＿＿

②住　所 Address ＿＿＿＿＿＿　電話番号 Telephone No. ＿＿＿＿＿＿

③職業（勤務先の名称） Place of employment ＿＿＿＿＿＿　電話番号 Telephone No. ＿＿＿＿＿＿

④年　収 Annual income ＿＿＿＿ 円 Yen

19　申請人の勤務先等

外国人配偶者が現在どこかに勤務している場合は、就労先の会社名や連絡先を記入します。また現時点での年収も記載してください。年収は課税証明書もしくは納税証明書に記載があります。

20　滞在費支弁方法

滞在費支弁方法とは、要するに日本での生活費は誰がいくら出すのですかという質問です。

外国人配偶者が仕事している場合は、本人負担の欄にチェックし、1か月の生活費を記入します。

また、それにあわせて、通常は、日本人配偶者が身元保証人となります。したがって、身元保証人の□にもチェックをし、日本人側が出す生活費の月額を記入します。

金額は、例：月額20万円などと収入に合わせて記入してください。

⑵と⑶は、状況に合わせて記載してください。

特に何もない場合は、⑵と⑶は空欄で構いません。

■3枚目■（図表13）

21　扶養者（申請人が扶養を受ける場合に記入）

外国人配偶者側が、結婚後は日本人側から扶養されるという場合は、扶養者についての情報を記入してください。外国人が仕事を持っていて結婚後も扶養を受ける予定がない場合は、扶養者はい

【図表 13　在留資格更新許可申請書③】

申請人等作成用３　T（「日本人の配偶者等」・「永住者の配偶者等」・「定住者」）　在留期間更新・在留資格変更用
For applicant, part 3 T ("Spouse or Child of Japanese National" / "Spouse or Child of Permanent Resident" / "Long Term Resident")　For extension or change of status

21 扶養者（申請人が扶養を受ける場合に記入）Supporter (Fill in the followings when the applicant is being supported)
(1)氏　名 Name ______
(2)生年月日 Date of birth ______ 年 Year ______ 月 Month ______ 日 Day　(3)国 籍・地 域 Nationality/Region ______
(4)在留カード番号／特別永住者証明書番号 Residence card number / Special Permanent Resident Certificate number ______
(5)在留資格 Status of residence ______　(6)在留期間 Period of stay ______
(7)在留期間の満了日 Date of expiration ______ 年 Year ______ 月 Month ______ 日 Day
(8)申請人との関係（続柄）Relationship with the applicant
☐ 夫 Husband　☐ 妻 Wife　☐ 父 Father　☐ 母 Mother
☐ 養父 Foster father　☐ 養母 Foster mother　☐ その他（　　）Others
(9)勤務先名称 Place of employment ______　支店・事業所名 Name of branch ______
(10)勤務先所在地 Address ______　電話番号 Telephone No. ______
(11)年 収 Annual income ______ 円 Yen

22 在日身元保証人又は連絡先 Guarantor or contact in Japan
(1)氏 名 Name ______　(2)職 業 Occupation ______
(3)住 所 Address ______
電話番号 Telephone No. ______　携帯電話番号 Cellular Phone No. ______

23 代理人（法定代理人による申請の場合に記入）Legal representative (in case of legal representative)
(1)氏 名 Name ______　(2)本人との関係 Relationship with the appllicant ______
(3)住 所 Address ______
電話番号 Telephone No. ______　携帯電話番号 Cellular Phone No. ______

以上の記載内容は事実と相違ありません。 I hereby declare that the statement given above is true and correct.
申請人（法定代理人）の署名／申請書作成年月日 Signature of the applicant (legal representative) / Date of filling in this form
年 Year　月 Month　日 Day

注意 Attention
申請書作成後申請までに記載内容に変更が生じた場合，申請人（法定代理人）が変更箇所を訂正し，署名すること。
In cases where descriptions have changed after filling in this application form up until submission of this application, the applicant (legal representative) must correct the part concerned and sign their name.

※ 取次者 Agent or other authorized person
(1)氏 名 Name ______　(2)住 所 Address ______
(3)所属機関等（親族等については，本人との関係）Organization to which the agent belongs (in case of a relative, relationship with the applicant) ______　電話番号 Telephone No. ______

ないので「なし」と記入します。

22　在日身元保証人又は連絡先

在日身元保証人の情報を記入していくことになりますが、通常は、日本人配偶者が身元保証人となります。したがって、日本人配偶者に関する情報を記入していきます。空欄にせず、必ず記入しましょう。

23　代理人（法定代理人による申請の場合に記入）

この欄は、通常空欄です。なぜなら、結婚に伴う変更申請において申請人に法定代理人がいることは考えにくいからです。

最後に、申請人の自筆で署名と署名した年月日を記入します。

一番下の「※取次者」とは、行政書士に依頼した場合に行政書士側で記入する署名欄になります。

4　質問書の書き方

質問書（図表14〜21）とは、入国管理局からあなたへの質問事項をまとめたものです。「日本人の配偶者等」の在留資格申請の際には、必ず提出しなければならない書類になります。全部で8ページあります。

質問書の1ページ目（図表14）には、「この質問書は、提出された申請の審査のために答えていただくものであり、重要な参考資料となります。回答に当たっては、各質問について該当するものにチェック☑又は○印で囲み、その他記入部分については、できるだけ具体的に、かつ詳しく記載・説明願います。なお、事実に反する記入をしたことが判明した場合には審査上不利益な扱いを受ける場合がありますので、ご留意下さい」と書いてあります。

このことからわかるように、「質問書」は、出入国在留管理局が申請を審査するに当たって、とても重要視しており、仮に虚偽の事実を書き、またそれが発覚した場合は、申請が不許可になるのはもちろん、非常に悪質なケースでは、取調べから逮捕にいたる可能性もありますので、軽い気持ちでの虚偽申請は絶対におやめください。

「質問書」は、日本人側目線で、日本人側の責任で書く書類になります。8ページの最後には日本人側の署名をします。

１ページ目（図表14）

お互いの身分に関しての質問になります。

「申請人」の欄は、外国人配偶者の国籍と氏名、性別を記入します。

「配偶者」の欄は、日本人側の情報を記入していきます。氏名とフリガナを書きます。

【図表 14　質問書（１ページ目）】

質　問　書

この質問書は，提出された申請の審査のために答えていただくものであり，**重要な参考資料**となります。回答に当たっては，各質問について該当するものにチェック☑又は○印で囲み，その他記入部分については，できるだけ具体的に，かつ詳しく記載・説明願います。

なお，事実に反する記入をしたことが判明した場合には審査上不利益な扱いを受ける場合がありますので，ご留意下さい。

【記入に際しての説明】

※申請人（相手の方）とは，これから入国・在留のための審査を受ける外国人（我が国に滞在を希望する外国人）を指します。

※配偶者（あなた）とは，上記申請人と婚姻している日本人又は外国人を指します。

1　お互いの身分事項について記入して下さい。日本国籍の方につきましてはフリガナもお願いします。

<table>
<tr><td rowspan="2">申　請　人</td><td>国　籍</td><td rowspan="2">氏　名</td><td rowspan="2">男
女</td></tr>
<tr><td></td></tr>
</table>

<table>
<tr><td rowspan="9">配偶者</td><td colspan="2">氏　　名</td><td>フリガナ</td><td>国籍</td><td></td></tr>
<tr><td rowspan="4">自宅</td><td>住　所</td><td colspan="3"></td></tr>
<tr><td>電　話</td><td colspan="3">自宅　　　　携帯</td></tr>
<tr><td>同居者の有無</td><td colspan="3">□無　□有　（氏名　　　　　　　　）</td></tr>
<tr><td colspan="4">□自己所有　　□借家　　家賃＿＿＿＿円　＿＿＿＿ＬＤＫ</td></tr>
<tr><td rowspan="3">職場</td><td>会社名</td><td colspan="3">職務内容</td></tr>
<tr><td>所在地</td><td colspan="3"></td></tr>
<tr><td>電　話</td><td></td><td>就職年月日</td><td>年　　月　　日</td></tr>
</table>

国籍は、「日本」と記入します。

自宅の住所は、住民票どおり記載します。電話は、自宅と携帯ですが、自宅の電話番号がない場合は、「なし」と書いてください。同居者がいる場合は、同居者の氏名を書きます。外国人配偶者や両親と同居している場合は、名前を書いてください。

自宅は、持ち家か借家かに☑を入れ、借家の場合は家賃と間取りを書きます。借家の場合は、不動産の賃貸契約書に合わせてください。

「職場」は、日本人側の職場情報を記入していきます。社名と職務内容、所在地、会社の電話番号、就職年月日を書きます。取得した在職証明書と合わせてください。

2ページ目（図表15）

結婚に至った経緯《いきさつ》についての質問です。

①は、初めて会った時期と場所を書きます。ただし、年と月までは思い出せても、日までは思い出せないことも多いと思います。思い出せない場合は、月までの記入でもＯＫです。

②は、初めて会ってから結婚届を出すまでの経緯を、年月日を示しながら詳細に記載していきます。通常、この行数では不十分ですので、ここでは「別紙のとおり」と記載し、Ａ４の用紙を別に用意して、出会ってから結婚までのいきさつを説明してください。詳しいほどよいです。Ａ４サイズの用紙で2枚くらいにまとめるとよいと思います。１枚でも申請は受け付けられますが、審査を有

【図表 15　質問書（２ページ目）】

2　結婚に至った経緯（いきさつ）についてお尋ねします。

（1）　初めて知り合った時期，場所や結婚までのいきさつを記入して下さい。

① 初めて会った時期：＿＿＿＿年＿＿＿＿月＿＿＿＿日

場所：＿＿＿＿＿＿＿＿＿＿＿＿＿＿＿＿

② 初めて会ってから（紹介により知り合われた方は，紹介されたいきさつから）結婚届を出されるまでのいきさつを，年月日を示しながら，できるだけ詳しく記載してください。

なお，行数が足りないときは，適宜の用紙を使用し記載していただいて結構です。また，説明に関連する写真・手紙や国際電話の利用などを証明するものを添付されても結構です。

利にすすめる観点からは1枚では少ないと思料します。

３ページ目（図表16）

紹介者の有無について記入していきます。紹介者がいない場合は、「無」にチェックを入れればそれでよいのですが、「有」の場合は、詳しく記載していかなければなりません。

結婚相談所や結婚仲介会社からの紹介の場合は会社名を記載していきます。

個人の場合は、詳しく記入していってください。

紹介者の欄の「外国人の場合は在留カード番号」には、紹介者の在留カード番号を記載してください。

紹介者が個人の場合ですが、友人に紹介された場合は、単に友人と記載するのではなく、いつからの友人で、どこで出会った友人か、年齢や性別まで詳しく記載するとよいでしょう。

夫婦間の会話で使われている言語については、日常的に夫婦間で使っている言語とお互いの母国語を書いてください。

４ページ目（図表17）

(3)から(6)までは、夫婦間での意思疎通に関する質問の続きです。

４は、市区町村役場に出す婚姻届に書いた証人２名の個人情報を記載します。

【図表16　質問書（3ページ目）】

（2）紹介者の有無などについて

□無

□有（結婚相談所による紹介の場合は，氏名欄に会社名を記載して下さい。）

紹介者：国　　籍：＿＿＿＿＿＿＿＿＿＿＿＿＿＿＿＿

氏　　名：＿＿＿＿＿＿＿＿＿＿＿＿＿＿（男・女）

生年月日：＿＿＿＿年＿＿＿＿月＿＿＿＿日

住　　所：＿＿＿＿＿＿＿＿＿＿＿＿＿＿＿＿

電話番号：＿＿＿＿＿＿＿＿＿＿＿＿＿＿＿＿

外国人の方の場合は在留カード番号＿＿＿＿＿＿＿＿

紹介された年月日，場所及び方法

年月日：＿＿＿＿年＿＿＿＿月＿＿＿＿日

場　　所：＿＿＿＿＿＿＿＿＿＿＿＿＿＿＿＿

方　　法：□写真　□電話　□対面　□Ｅ－ｍａｉｌ

□その他（　　　　　　　　　　　　）

紹介者と申請人（相手の方）との関係（詳しく記載して下さい）：

紹介者と配偶者（あなた）との関係（詳しく記載して下さい）：

＊紹介者との関係は，単に友人・知人と記載するのではなく，どのような関係か詳しく記載してください。

3　夫婦間の会話で使われている言語についてお尋ねします。

（1）日常，ご夫婦の会話に使われている言葉（例えば，中国語，日本語等）は何ですか。

＿＿＿＿＿＿＿＿＿＿＿＿＿＿＿＿＿＿＿＿＿＿＿＿

（2）お互いの母（国）語は何ですか。

①　申請人（お相手の方）＿＿＿＿＿＿＿＿語

②　配偶者（あなた）＿＿＿＿＿＿＿＿語

【図表 17　質問書（４ページ目）】

（3）申請人（お相手の方）は，配偶者（あなた）の母国語をどの程度理解できますか。

□難しい＝通訳が必要　　□筆談／あいさつ程度
□日常会話程度は可能　　□会話に支障なし

（4）配偶者（あなた）は，申請人（お相手の方）の母国語をどの程度理解できますか。

□難しい＝通訳が必要　　□筆談／あいさつ程度
□日常会話程度は可能　　□会話に支障なし

（5）申請人（お相手の方）が日本語を理解できる場合は，いつ，どのように学んだのか，具体的に記載して下さい。

＿＿＿＿＿＿＿＿＿＿＿＿＿＿＿＿＿＿＿＿＿＿＿＿＿＿＿＿＿＿
＿＿＿＿＿＿＿＿＿＿＿＿＿＿＿＿＿＿＿＿＿＿＿＿＿＿＿＿＿＿
＿＿＿＿＿＿＿＿＿＿＿＿＿＿＿＿＿＿＿＿＿＿＿＿＿＿＿＿＿＿
＿＿＿＿＿＿＿＿＿＿＿＿＿＿＿＿＿＿＿＿＿＿＿＿＿＿＿＿＿＿

（6）お互いの言葉が通じない場合，どのような方法で，意思の疎通を図っていますか。

【方法】：＿＿＿＿＿＿＿＿＿＿＿＿＿＿＿＿＿＿＿＿＿＿＿＿＿＿
＿＿＿＿＿＿＿＿＿＿＿＿＿＿＿＿＿＿＿＿＿＿＿＿＿＿＿＿＿＿
＿＿＿＿＿＿＿＿＿＿＿＿＿＿＿＿＿＿＿＿＿＿＿＿＿＿＿＿＿＿
＿＿＿＿＿＿＿＿＿＿＿＿＿＿＿＿＿＿＿＿＿＿＿＿＿＿＿＿＿＿

【通訳者がいた（いる）場合】

①　通訳者の氏名：＿＿＿＿＿＿＿＿＿＿＿＿＿＿＿＿＿＿＿＿
②　通訳者の国籍：＿＿＿＿＿＿＿＿＿＿＿＿＿＿＿＿＿＿＿＿
③　通訳者の住所：＿＿＿＿＿＿＿＿＿＿＿＿＿＿＿＿＿＿＿＿

4　日本国内で結婚された方は，結婚届出時の証人２名を記入して下さい。

（1）氏名：＿＿＿＿＿＿＿＿＿＿＿＿＿＿＿＿＿＿（男・女）
住所：＿＿＿＿＿＿＿＿＿＿＿＿＿＿＿＿＿＿＿＿＿＿＿
電話：＿＿＿＿＿＿＿＿＿＿＿＿＿＿＿＿＿＿＿＿＿＿＿

（2）氏名：＿＿＿＿＿＿＿＿＿＿＿＿＿＿＿＿＿＿（男・女）
住所：＿＿＿＿＿＿＿＿＿＿＿＿＿＿＿＿＿＿＿＿＿＿＿
電話：＿＿＿＿＿＿＿＿＿＿＿＿＿＿＿＿＿＿＿＿＿＿＿

5ページ目（図表18）

5番の質問は、結婚式を行った場合はその詳細を記入します。

6番は、お互いの結婚歴についてです。

7番は、申請人（＝外国人）のこれまでの日本への渡航歴です。パスポートを見ながら記入してください。

8番は、日本人が相手の国へ行った渡航歴についてです。これも自分のパスポートの日付を見ながら記入していってください。

6ページ目（図表19）

9番は、外国人配偶者が過去に退去強制されたことがあるかの質問です。

10番は、9番の質問で有にチェックをした方だけ詳細を記入してください。

7ページ目（図表20）

お互いの親族について続柄、氏名、年齢、住所、電話番号を記入します。

8ページ目（図表21）

11番の(2)は、子どもがいる場合は記入してください。

【図表 18　質問書（５ページ目）】

5　結婚式（披露宴）を行った方は，その年月日と場所等を記入してください。

年月日：＿＿＿＿＿＿年＿＿＿＿＿月＿＿＿＿＿日

場　所：＿＿＿＿＿＿＿＿＿＿＿＿＿＿＿＿＿＿＿＿

出席者：申請人側　父　母　兄　弟　姉　妹　子

配偶者側　父　母　兄　弟　姉　妹　子

双方の出席者　計＿＿＿＿人

6　結婚歴についてお尋ねします。

申請人（お相手の方）：□初婚

□再婚（　　回目）

前回の結婚は＿＿＿＿年＿＿＿月＿＿＿日～＿＿＿＿年＿＿＿月＿＿＿日

（□離婚　□死別）

配偶者（あなた）：□初婚

□再婚（　　回目）

前回の結婚は＿＿＿＿年＿＿＿月＿＿＿日～＿＿＿＿年＿＿＿月＿＿＿日

（□離婚　□死別）

7　申請人（お相手の方）がこれまでに来日されているときは，その回数と時期を記入して下さい。

（1）回数＿＿＿＿＿＿回

（2）時期　　来日目的（観光・仕事等）

①＿＿＿＿年＿＿＿月＿＿＿日～＿＿＿＿年＿＿＿月＿＿＿日（＿＿＿＿＿＿＿＿）

②＿＿＿＿年＿＿＿月＿＿＿日～＿＿＿＿年＿＿＿月＿＿＿日（＿＿＿＿＿＿＿＿）

③＿＿＿＿年＿＿＿月＿＿＿日～＿＿＿＿年＿＿＿月＿＿＿日（＿＿＿＿＿＿＿＿）

④＿＿＿＿年＿＿＿月＿＿＿日～＿＿＿＿年＿＿＿月＿＿＿日（＿＿＿＿＿＿＿＿）

⑤＿＿＿＿年＿＿＿月＿＿＿日～＿＿＿＿年＿＿＿月＿＿＿日（＿＿＿＿＿＿＿＿）

＊多数の場合は直近の渡航歴を記載願います。

8　配偶者（あなた）がこれまでに申請人の母国に行かれているときは，その回数と時期を記入してください。

【図表19　質問書（6ページ目）】

（1）知り合ってから結婚までの間（　　　回）

①＿＿＿＿年＿＿月＿＿日　～　＿＿＿＿年＿＿月＿＿日

②＿＿＿＿年＿＿月＿＿日　～　＿＿＿＿年＿＿月＿＿日

③＿＿＿＿年＿＿月＿＿日　～　＿＿＿＿年＿＿月＿＿日

④＿＿＿＿年＿＿月＿＿日　～　＿＿＿＿年＿＿月＿＿日

⑤＿＿＿＿年＿＿月＿＿日　～　＿＿＿＿年＿＿月＿＿日

＊　多数の場合は直近の渡航歴を記載願います。

（2）結婚後（　　　回）

①＿＿＿＿年＿＿月＿＿日　～　＿＿＿＿年＿＿月＿＿日

②＿＿＿＿年＿＿月＿＿日　～　＿＿＿＿年＿＿月＿＿日

③＿＿＿＿年＿＿月＿＿日　～　＿＿＿＿年＿＿月＿＿日

④＿＿＿＿年＿＿月＿＿日　～　＿＿＿＿年＿＿月＿＿日

⑤＿＿＿＿年＿＿月＿＿日　～　＿＿＿＿年＿＿月＿＿日

＊　多数の場合は直近の渡航歴を記載願います。

9　申請人は日本から退去強制されたことがありますか（出国命令も含みます。）。

□無

□有（　　　回）

10　9で「退去強制されたことがある」と記入された方にお尋ねします。

（1）違反の内容

□不法残留（オーバーステイ）

□不法入国（密入国・偽造パスポート使用など）

□その他　（　　　　　　　　）

（2）退去強制などにより出国した年月日（直近のもの）と空港名

年月日：＿＿＿＿年＿＿＿月＿＿＿日＿＿＿＿空港から

（3）当時使用していたパスポートの国籍，氏名及び生年月日は，今回の申請における国籍，氏名及び生年月日と同じですか。

□同じ

□別の氏名等　　国　籍：＿＿＿＿＿＿＿＿＿＿

氏　名：＿＿＿＿＿＿＿＿＿＿

生年月日：＿＿＿＿年＿＿＿月＿＿＿日

（4）退去強制されるまでの間に夫婦で同居した事実がある方は，その期間と住所

【図表 20　質問書（７ページ目）】

を記入して下さい。

期間：　　　年　　月　　日～　　　年　　月　　日

住所：

11　申請人（お相手の方）と配偶者（あなた）の親族について記入して下さい。

※日本に居住している方の電話番号は可能な限り記入して下さい。父母がお亡くなりになっている場合には，「住所欄」に「死亡」と記載して下さい。お子さんについては，（２）の表に記載して下さい。お子さんがいない場合は，「なし」と記載して下さい。

（１）父・母・兄弟・姉妹について記載して下さい。

	続柄	氏　名	年齢	住　所	電話番号
【記載例】	父	入管太郎	６２	東京都千代田区×× 1-2-301	03-▽△-××××
夫の親族	父				
	母				
【記載例】	父	Nyukan James V.	６２	New York, U.S.A（都市名まで）	××××-12-○○-345
妻の親族	父				
	母				

【図表 21　質問書（８ページ目）】

（2）お子さんについて記載して下さい。

続柄	氏　名	生年月日	住　所
【記載例】 夫の長男 妻の長女	 入管三郎 Nyukan Mary C	 1975.11.19 1999.12.15	 埼玉県さいたま市××9-8-7 New York, U.S.A（都市名まで）

12　親族で今回のご結婚を知っている方はどなたですか。
（該当するところを○で囲んで下さい。）
夫側：　父　母　兄　弟　姉　妹　子
妻側：　父　母　兄　弟　姉　妹　子

以上のとおり，記載内容に相違ありません。

平成　　年　　月　　日

署　　名：

（注）事実に反する記入をしたことが判明した場合は、審査上不利益な扱いを受ける場合があります。

12番は、今回の結婚を知っている親族に丸をつけます。
最後に、日本人側が日付と署名を自筆でします。

5　身元保証書の書き方

身元保証書（図表22）の上段には、身元保証書を記入した年月日と、外国人配偶者の国籍と氏名を記入します。

下段の身元保証人の箇所については、次のように処理します。

・氏名……氏名を書き、印を押します。印は、認印でも構いません。
・住所……住所を書き、電話番号を記入します。電話番号は、携帯電話でも構いません。
・職業……勤務先の社名を記入し、勤務先の電話番号を記入します。
・国籍……「日本」と記入します。在留資格や期間は、日本人にはありませんから不要です。
・被保証人との関係……被保証人とは、外国人配偶者のことです。例：配偶者、夫、妻など。

身元保証書は、「1　滞在費」と「2　帰国旅費」、「3　法令の遵守」について保証するという書面です。

この出入国在留管理局の身元保証書は、いわゆる借金などの連帯保証人などとは違います。滞在費と帰国旅費という金銭的保証が記載をされてはいますが、道義的位置づけであり、本人が払えな

【図表22　身元保証書】

身　元　保　証　書

年　月　日

法務大臣殿

国籍 ______

氏名 ______

上記の者の本邦在留に関し，下記の事項について保証いたします。

記

1　滞在費

2　帰国旅費

3　法令の遵守

上記のとおり相違ありません。

身元保証人

氏名 ______ 印 ______

住所 ______ TEL ______

職業（勤務先） ______ TEL ______

国籍（在留資格，期間） ______

被保証人との関係 ______

い場合に国から取り立てられるというわけではありません。

6　申請に必要な書類を集めよう！

日本人の配偶者ビザ申請で必要な書類は、職業、資産、国籍によって個々人で異なります。それでは、一つひとつの書類について見ていきましょう。

本書で説明している必要書類は、出入国在留管理局から提示されている必要書類リストより多いのですが、そもそも出入国在留管理局から提示されている必要書類リストは、必要最低限のものであり、出入国在留管理局も「必要最低限のものです」と宣言しています。

したがって、個々人の状況にあわせてピックアップしていくのが望ましいと思います。

【共通書類】

□在留資格認定証明書交付申請書または在留資格変更許可申請書
□質問書＋申請理由書
□身元保証書
□３９２円切手を貼付した返信用封筒（※認定）または返信用ハガキ（※変更と更新）

【外国人配偶者に関する書類】

□証明写真（縦4㎝×横3㎝）1枚

証明写真は、縦4センチ、横3センチのサイズと決まっています。スピード写真や写真屋さんで撮影してください。

申請書に貼る証明写真は、3か月以内のものです。過去に出入国在留管理局やパスポート申請時に使用した証明写真は古くなっていますので使用しないようにしてください。過去の写真と同じだと判明すれば、再提出を指示されます。

□パスポート

□在留カード

□本国から発行された結婚証明書（翻訳文付）

□履歴書（学歴・職歴）

□最終学歴の卒業証明書または在学証明書

□日本語能力試験の合格証明書のコピー

【日本人配偶者に関する書類】

□戸籍謄本（婚姻の記載があるもの）

□住民税の納税証明書か課税証明書（1年間の総収入、課税額、納税額が記載されたもの）

□在職証明書
□給与明細書３か月分ほどのコピー
□日本人の世帯全員の記載のある住民票
□パスポートのコピー

【会社経営者の場合】

□会社の登記事項証明書
□直近年度の会社の貸借対照表・損益計算書のコピー
□前年分の職員の給与所得の源泉徴収票等の法定調書合計表（受付印のあるもの）

【交際および結婚の事実を裏づける書類】

□スナップ写真（10枚以上）
　結婚式、双方の親族との食事会、旅行へ行ったときの写真、友人たちと撮った写真など。
□国際電話の通話記録
□メール履歴
□送金記録

【住居・生計に関する書類】

□自宅の写真（外観、玄関、台所、リビング、寝室）

□自宅の不動産賃貸借契約書のコピー（不動産を所有している場合は登記事項証明書を提出）

□扶養者の預金通帳のコピー

【ケースによって提出する書類】

□両親の嘆願書

□友人の嘆願書

□在日親族の上申書

□上司の上申書

本国から発行された結婚証明書について・

■中国人の方

中国の「公証処」で取得します。日本の公証役場にあたる機関です。

□結婚公証書

□結婚証のコピー　※事情により結婚公証書を取れない場合

【図表 23　結婚公証書】

公　证　书

（[redacted]）京方圆外民证字第[redacted]号

兹证明前面[redacted]与[redacted]的结婚证影印本与原本内容相符，原本上所盖的北京市丰台区革命委员会东铁匠营街道办事处之印鉴属实。

中华人民共和国北京市方圆公证处

公证员

[redacted]年[redacted]月[redacted]日

XⅥ[redacted]

【図表 24　結婚証】

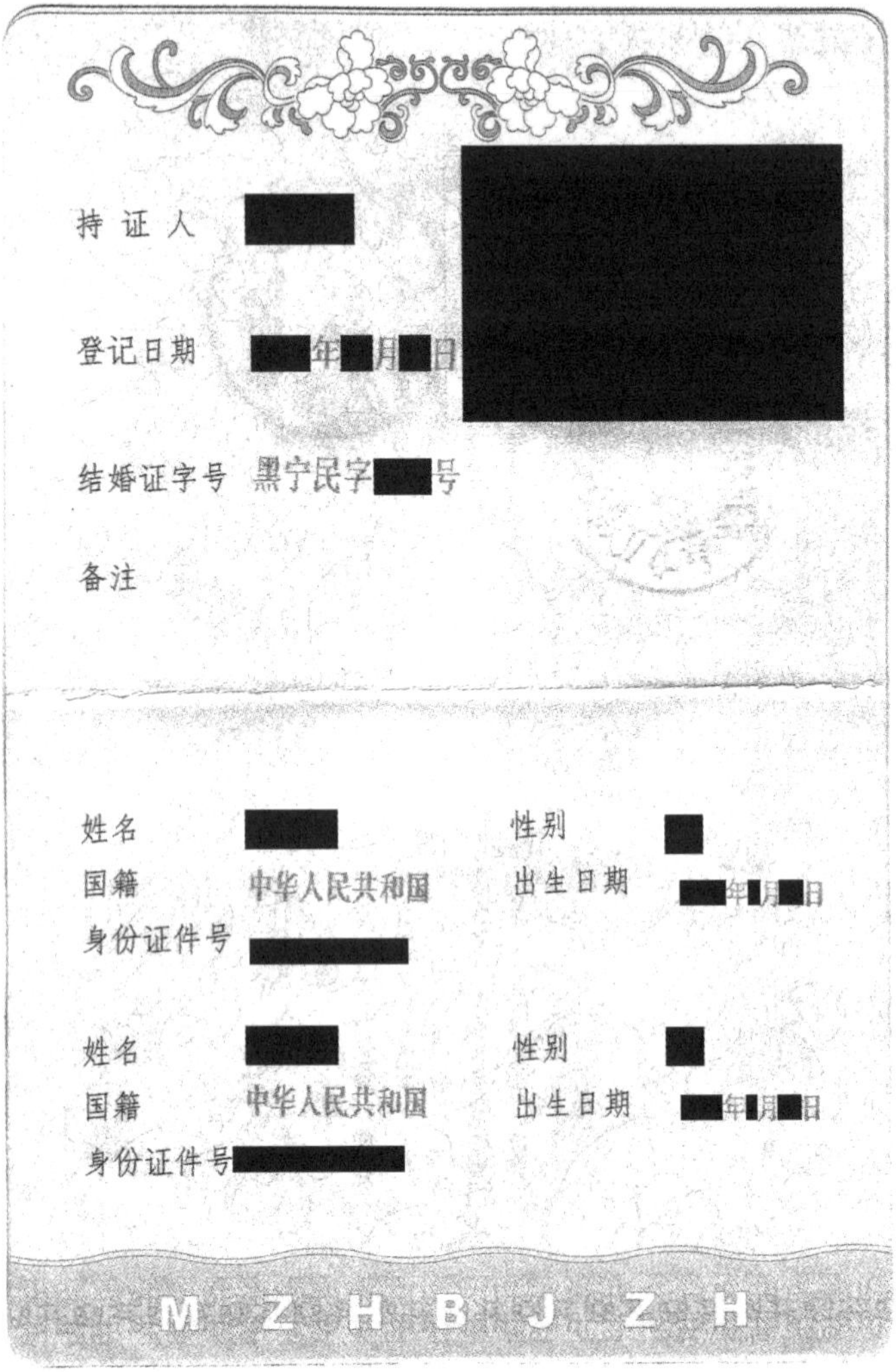

持证人 [redacted]

[redacted]

登记日期 [redacted]年[redacted]月[redacted]日

结婚证字号 黑宁民字[redacted]号

备注

姓名 [redacted]　性别 [redacted]
国籍 中华人民共和国　出生日期 [redacted]年[redacted]月[redacted]日
身份证件号 [redacted]

姓名 [redacted]　性别 [redacted]
国籍 中华人民共和国　出生日期 [redacted]年[redacted]月[redacted]日
身份证件号 [redacted]

M Z H B J Z H

■韓国人の方

韓国の方は、本国書類を韓国領事館でも取得できます。

□婚姻関係証明書

【図表25　婚姻関係証明書】

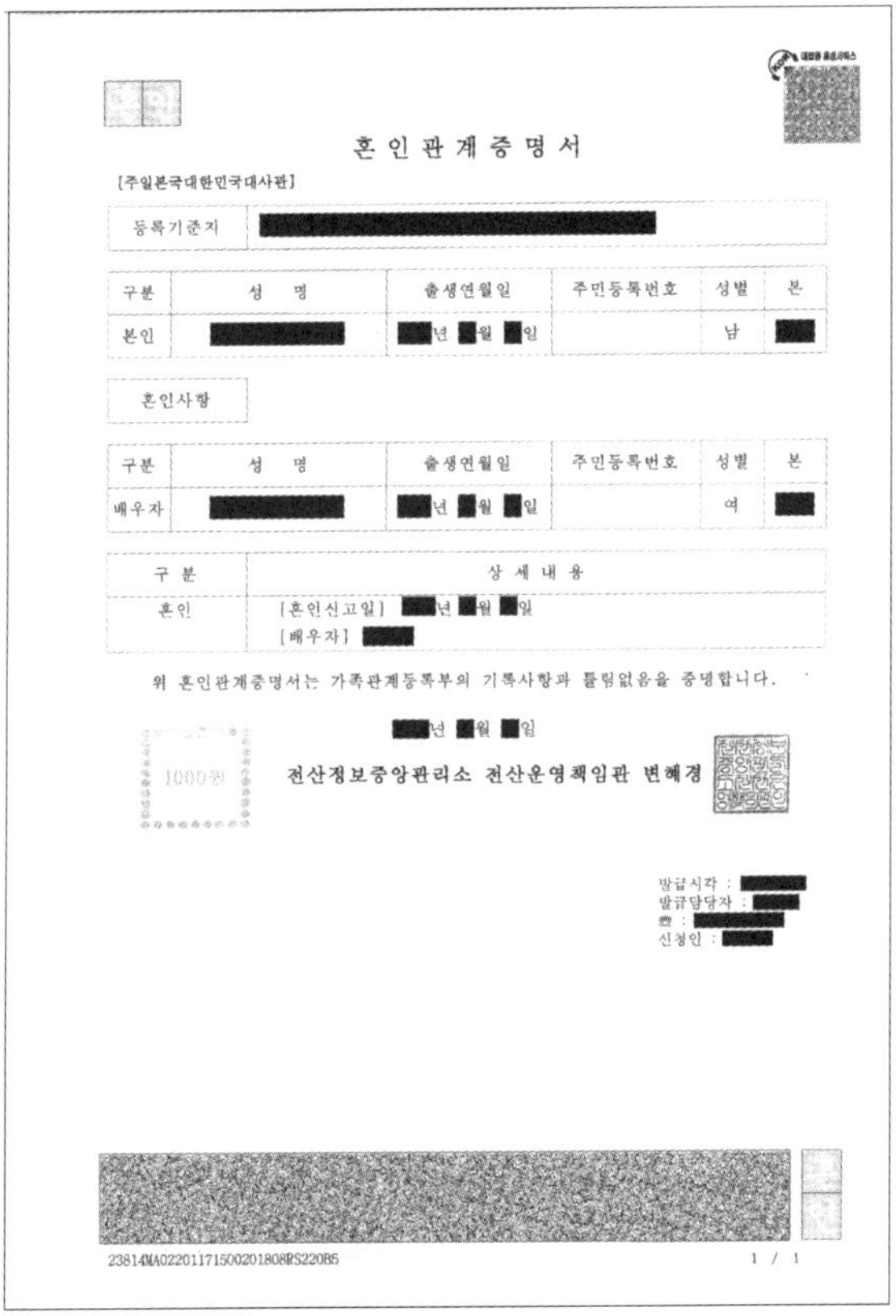

혼 인 관 계 증 명 서

[주일본국대한민국대사관]

등록기준지	[redacted]

구분	성　명	출생연월일	주민등록번호	성별	본
본인	[redacted]	[redacted]년 [redacted]월 [redacted]일		남	[redacted]

혼인사항

구분	성　명	출생연월일	주민등록번호	성별	본
배우자	[redacted]	[redacted]년 [redacted]월 [redacted]일		여	[redacted]

구 분	상 세 내 용
혼인	[혼인신고일] [redacted]년 [redacted]월 [redacted]일 [배우자] [redacted]

위 혼인관계증명서는 가족관계등록부의 기록사항과 틀림없음을 증명합니다.

[redacted]년 [redacted]월 [redacted]일

1000원

전산정보중앙관리소 전산운영책임관 변혜경

발급시각 : [redacted]
발급담당자 : [redacted]
[illegible] : [redacted]
신청인 : [redacted]

23814MA022011715002018O8RS220B5　　1 / 1

■その他の国の外国人の本国書類

各国によって具体的な証明書は異なります。

□結婚証明書　(Certificate of Marriage)

【図表 26　台湾の結婚証明書】

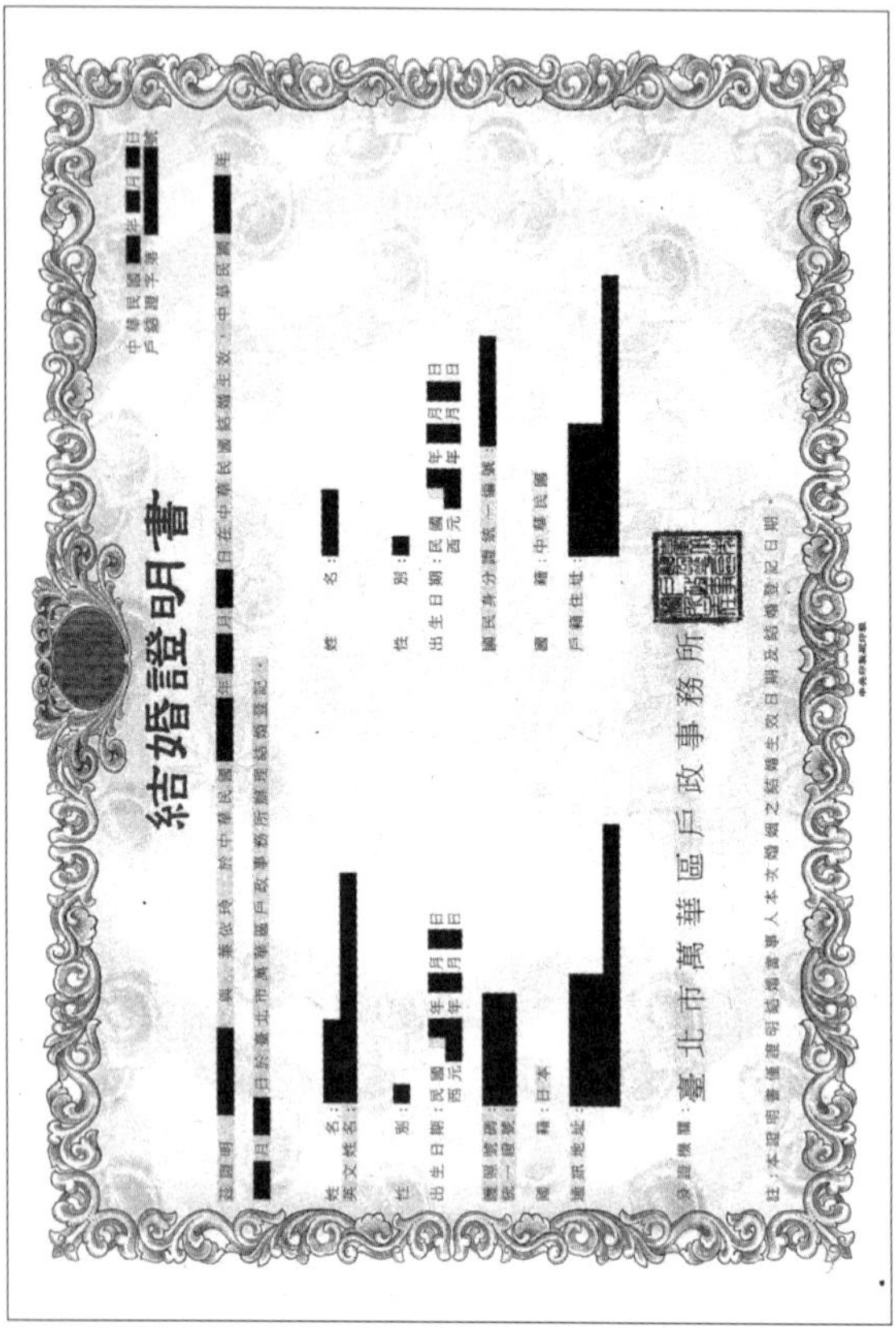

中華民國[redacted]年[redacted]月[redacted]日
戶籍證字第[redacted]號

結婚證明書

茲證明[redacted]與葉依玲於中華民國[redacted]年[redacted]月[redacted]日在中華民國結婚生效，中華民國[redacted]年[redacted]月[redacted]日於臺北市萬華區戶政事務所辦理結婚登記。

姓名：[redacted]
英文姓名：[redacted]
性別：[redacted]
出生日期：民國[redacted]年[redacted]月[redacted]日
西元[redacted]年[redacted]月[redacted]日
護照號碼
統一證號：[redacted]
國籍：日本
通訊地址：[redacted]

姓名：[redacted]
性別：[redacted]
出生日期：民國[redacted]年[redacted]月[redacted]日
西元[redacted]年[redacted]月[redacted]日
國民身分證統一編號：[redacted]
國籍：中華民國
戶籍住址：[redacted]

發證機關：臺北市萬華區戶政事務所

註：本證明書僅證明結婚當事人本次婚姻之結婚生效日期及結婚登記日期。

【図表 27　香港の結婚証書】

結婚證書
CERTIFICATE OF MARRIAGE

（《婚姻條例》（第 181 章））
(Marriage Ordinance (Cap. 181))

登記編號 Registration no.	[redacted]	
結婚日期 Date of marriage	[redacted]	
	新郎 Bridegroom	新娘 Bride
姓名 Surname and name	[redacted]	[redacted]
年齡 Age	[redacted]	[redacted]
結婚前婚姻狀況 Marital condition before marriage	[redacted]	[redacted]
職業 Occupation	[redacted]	[redacted]
住址 Residential address	[redacted]	[redacted]
父親姓名 Surname and name of father	[redacted]	[redacted]
母親姓名 Surname and name of mother	[redacted]	[redacted]

婚禮在本人主持下於香港 ………… 按照《婚姻條例》（第 181 章）舉行。

Married at [redacted] Hong Kong in accordance with the provisions of the Marriage Ordinance (Cap. 181) before me.

[redacted]
YIU KWAI HUNG
Civil Celebrant of Marriages
（主持婚禮的人的簽署、姓名及職銜）
(Signature, name and title of the person celebrating the marriage)

結婚雙方
The marriage was solemnized between us [redacted] 與 and [redacted]
（新郎簽署 Signature of bridegroom）　（新娘簽署 Signature of bride）

證婚人
in the presence of us [redacted] 及 and [redacted]
（見證人簽署及姓名）(Signature and name of witness)　（見證人簽署及姓名）(Signature and name of witness)

注意：(1) 本證書一式兩份，均須簽署，其中一份應依照婚姻條例第 21(7) 條規定於七日內送交香港婚姻登記官。
NOTES: This Certificate must be signed in duplicate with one copy delivered to the Registrar of Marriages, Hong Kong, within 7 days after the date of marriage in accordance with section 21(7) of the Ordinance.

(2) 本證書的核證副本可向香港婚姻登記官繳納規定費用領取。
Certified copies of this Certificate may be obtained from the Registrar of Marriages, Hong Kong, on payment of the prescribed fees.

核數號碼
Audit no　C 121053

MR 56(S)

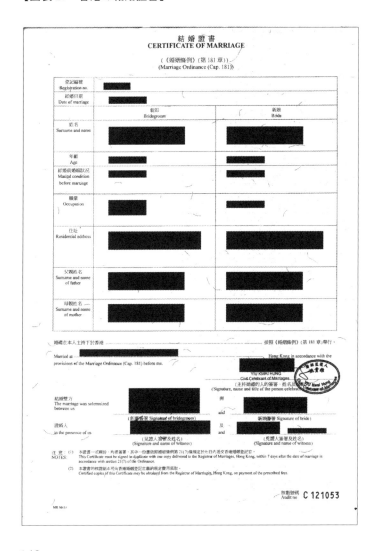

【図表 28　フィリピンの結婚証明書】

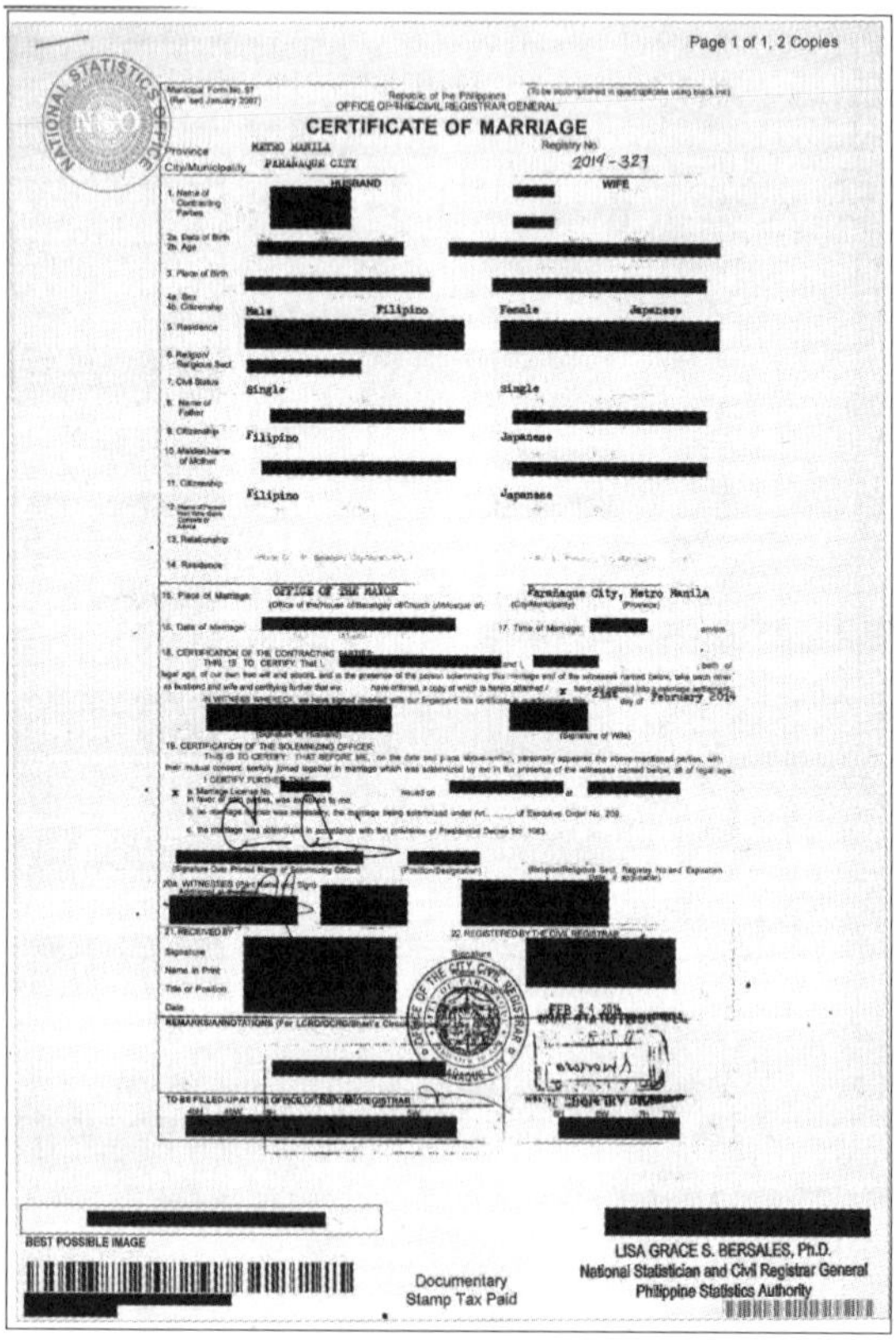

Page 1 of 1, 2 Copies

NATIONAL STATISTICS OFFICE

Republic of the Philippines
OFFICE OF THE CIVIL REGISTRAR GENERAL

CERTIFICATE OF MARRIAGE

Province: METRO MANILA
City/Municipality: PARAÑAQUE CITY
Registry No. 2014-327

	HUSBAND	WIFE
1. Name of Contracting Parties	[redacted]	[redacted]
2a. Date of Birth 2b. Age	[redacted]	[redacted]
3. Place of Birth	[redacted]	[redacted]
4a. Sex 4b. Citizenship	Male Filipino	Female Japanese
5. Residence	[redacted]	[redacted]
6. Religion/Religious Sect	[redacted]	
7. Civil Status	Single	Single
8. Name of Father	[redacted]	[redacted]
9. Citizenship	Filipino	Japanese
10. Maiden Name of Mother	[redacted]	[redacted]
11. Citizenship	Filipino	Japanese
12. Name of Person who Gave Consent or Advice		
13. Relationship		
14. Residence		

15. Place of Marriage: OFFICE OF THE MAYOR (Office of the/House of/Barangay of/Church of/Mosque of) Parañaque City, Metro Manila (City/Municipality) (Province)

16. Date of Marriage: [redacted] 17. Time of Marriage: [redacted] am/pm

18. CERTIFICATION OF THE CONTRACTING PARTIES:
THIS IS TO CERTIFY: That I, [redacted] and I, [redacted], both of legal age, of our own free will and accord, and in the presence of the person solemnizing this marriage and of the witnesses named below, take each other as husband and wife and certifying further that we: x have entered into a marriage settlement.
IN WITNESS WHEREOF, we have signed this certificate 21st day of February 2014

[redacted] (Signature of Husband) [redacted] (Signature of Wife)

19. CERTIFICATION OF THE SOLEMNIZING OFFICER:
THIS IS TO CERTIFY: THAT BEFORE ME, on the date and place above-written, personally appeared the above-mentioned parties, with their mutual consent, lawfully joined together in marriage which was solemnized by me in the presence of the witnesses named below, all of legal age.
I CERTIFY FURTHER THAT:
x a. Marriage License No. [redacted] issued on [redacted] at [redacted]
b. no marriage license was necessary, the marriage being solemnized under Art. ___ of Executive Order No. 209.
c. the marriage was solemnized in accordance with the provisions of Presidential Decree No. 1083.

[redacted] (Signature Over Printed Name of Solemnizing Officer) [redacted] (Position/Designation) (Religion/Religious Sect, Registry No. and Expiration Date, if applicable)

20a. WITNESSES (Print Name and Sign):
[redacted]

21. RECEIVED BY
Signature
Name in Print
Title or Position
Date
[redacted]

22. REGISTERED BY THE CIVIL REGISTRAR
Signature
[redacted]
FEB 24 2014

OFFICE OF THE CITY CIVIL REGISTRAR

REMARKS/ANNOTATIONS (For LCRO/OCRG/Shari'a Circuit Registrar Use Only)
[redacted]

TO BE FILLED-UP AT THE OFFICE OF THE CIVIL REGISTRAR
[redacted]

[redacted]

BEST POSSIBLE IMAGE

[redacted]

Documentary
Stamp Tax Paid

[redacted]
LISA GRACE S. BERSALES, Ph.D.
National Statistician and Civil Registrar General
Philippine Statistics Authority

婚姻事実の記載があるものが必要です。婚姻届から約1週間で婚姻事実の記載された戸籍謄本が取得できるようになります。

戸籍謄本は、本籍地のある役所に請求します。現住所と本籍地が違うことがあるので要注意です。

□住民票（世帯全員の記載があるもの。省略事項なしのもの）

□住民税の納税証明書または課税証明書　直近1年分

1月1日にお住まいの市区町村の区役所・市役所から発行されます。引っ越している方はご注意ください。1年間の総所得・納税状況の両方が記載されていることが必要です。

有効期限は、3か月以内ものです。納税証明書は、毎年6月に直近年度のものが取得できるようになりますが、6月前後に申請時期がかぶる方は2年分必要になることがあります。

【非課税（働いていなかった）の場合】

□非課税証明書

役所に申告していないと、非課税証明書自体が出ないので申告が必要になります。夫婦ともに収入がない場合は、別途両親から援助を受けることなどの証明をしていかなければなりません。

■法務局で取得できる書類

【持ち家に住んでいる場合】

□建物の登記事項証明書

□土地の登記事項証明書

【法人経営者の場合】

□法人の登記事項証明書

【賃貸物件に住んでいる場合】

□不動産賃貸借契約書のコピー

■税務署で取得できる書類

【給与所得者で確定申告している方】

2か所以上の勤務先から給与をもらっている場合や副業をしている方

□個人の所得税の納税証明書（その1、その2）直近1年分

【法人経営者の場合】

□経営者個人の所得税納税証明書（その1、その2）直近1年分

【個人事業主の場合】

□所得税納税証明書（その1、その2）直近1年分

■会社員の方が勤務先から取得する書類

□源泉徴収票　直近1年分

□在勤証明書

第5章

入管申請の実例でコツをつかもう！

1　アメリカ人英会話講師と結婚した日本人女性の実例

□依頼者の略歴

横浜市在住のアメリカ人Aさん（男性・32歳）。現在も某英会話スクールに勤務中。

現在の在留資格は、「技術・人文知識・国際業務」。英会話スクールで講師をしていた際に、生徒（＝お客様）として通っていた日本人のB子さんと出会い、結婚。

□結果

アメリカ人男性のAさんと日本人女性のB子さんは、２人揃って事務所にご相談にいらっしゃいました。

お２人とも共働きで、収入があり、生活は安定していました。

もちろん、税金の未払いなどのマイナス要素もなく、出会いの経緯も信ぴょう性が高いもので、証明書類もしっかり準備できそうでした。

ただ、在留資格の書類を用意したりする時間もとれないようで、さらに書類作成が複雑でご自分でやるより最初から専門家に頼んでしまおうというご要望でした。依頼を受けた後はスムーズに申請まで進み、間もなく一発許可となった案件です。

【図表 29　提出した書類一覧】

□在留資格変更許可申請書
□質問書
□申請理由書
□身元保証書

外国人配偶者側で用意した書類
□証明写真（縦４㎝×横３㎝）１枚
□住民票
□納税証明書
□日本語能力試験合格証のコピー
□パスポート
□在留カード
□預金通帳のコピー
□履歴書（学歴・職歴）
□給与明細のコピー※直近３か月分
□在職証明書
□前年分の源泉徴収票のコピー

日本人配偶者側で用意した書類
□在職証明書
□戸籍謄本 ※婚姻の記載があるもの
□住民票
□納税証明書　※１年間の総収入が記載されたもの
□前度分の源泉徴収票のコピー
□給与明細書のコピー　※直近３か月分
□預金通帳のコピー
□パスポートのコピー
□スナップ写真　１０枚程度
※結婚式、二人で写っているもの、ご家族の方と撮影したもの
□自宅の写真(外観、玄関、キッチン、リビング、部屋、寝室)各１枚ずつ
□自宅の賃貸借契約書のコピー

【図表30　提出した申請理由書】

東京出入国在留管理局長　殿

申請理由書

日付：○○○○年○月○○日

申請人：○○○○○○○

私は米国籍の○○○○○○○と申します。○○○○年○月○日に日本人の○○○と結婚致しました。日本人の配偶者等の在留資格変更の申請を許可していただきたく、妻と結婚するに至った交際経緯や申請理由について説明させていただきます。

■妻との交際経緯について

私が、妻の○○○○と初めて出会ったのは２０○○年○月頃でした。私が現在まで英会話講師として勤務している英会話学校（○○○○英会話スクール）に妻が生徒として入学してきたのが初めての出会いでした。妻は個人レッスンでの授業を希望しており、私が担当することになりました。最初はただの先生と生徒という感じでしたが、授業回数を重ねていくうちにお互いに冗談を言ったり、プライベートの話をしたりと、徐々に仲良くなっていきました。家族の話や母国の話、私の知らない日本語を教えてもらったり、おしゃれなセリフや私の理想のプロポーズの言葉などを英語で教えあったりと、授業中に授業内容以外のこともいろいろ話しました。この頃から妻のことが少しずつ気になりだしている自分に気づきましたが、あくまでも私たちの関係は先生と生徒であり、その気持ちは自分の中にとどめていました。レッスンを重ねるうちにどんどん仲良くなり、そのうち二人で食事に行くようにもなりました。そして○○○○年の冬に渋谷の居酒屋へ食事に行った際に私から告白し交際が始まりました。それからは順調に交際が続き、○○○○年○月に自宅で一緒に過ごしていた時に私からプロポーズしました。そのプロポーズのセリフが３年前にお互いに話したセリフでした。出会った当時に会話の流れでさらっと言った私の理想のプロポーズのセリフを３年後も覚えていてくれたことにとても感動し、妻と結婚することが決まりました。その年の○月に妻の両親に挨拶と結婚の報告をしに行きました。とても優しいご両親で私のことを快く受け入れてくれました。○月には妻と米国へ行き、私の両親に紹介しました。私の家族も妻のことを大変気に入ってくれました。

上記のような経緯で私たちは２０○○年○月○日に渋谷区役所に婚姻届けを提出したと同日に、小さいながら結婚式を挙げ、正式に夫婦となりました。また、日本にある米国大使館で報告的届出をしようとして米国大使館にご連絡したところ、する必要はないとのことでした。日本で創設的に結婚手続きをした場合は、米国においても結婚したことになるようです。○○○○年の○月から妻と同居し、現在も夫婦仲良く生活しております。結婚してからも、現在まで「技術・人文知識・国際業務」の在留資格で生活しておりましたが、今後も日本で生活していく上で「日本人の配偶者等」の在留資格への申請をさせていただくことになりました。

■今後の結婚生活について

私の現在の年収は約３５０万円で、妻の年収は約３００万円あります。また、預貯金も私が約２５０万円、妻が約２００万円ありますので、今後日本で生活していく上での金銭的な問題はございません。また、住居については現在も住んでいる２ＬＤＫのマンションで生活していく予定です。私は、妻と出会えたことに感謝し、これから妻とともに、日本で誠実に暮らしていきたいと考えております。上記の内容を高配いただき、「日本人の配偶者等」の在留資格変更を許可していただけますようお願い申し上げます。

2　お見合いで中国人女性と結婚した日本人男性の実例

□依頼者の略歴

神奈川県在住のA介さん（37歳）。A介さんは、以前にも中国人と結婚したことがあります。２度目結婚が結婚仲介会社利用でのお見合い結婚ということと、また本人が障害者のため収入がとても少ないことを心配しご相談に来られました。

当事務所で受任し、無事奥様を日本へお呼びすることができました。

【図表 31　提出した申請書類一覧】

□在留資格変認定証明書交付申請書
□質問書
□申請理由書
□身元保証書
■外国人配偶者側で用意した書類
□証明写真（縦４㎝×横３㎝）１枚
□パスポートのコピー
□履歴書（学歴・職歴）
□結婚公証書原本と翻訳文
■日本人配偶者側で用意した書類
□戸籍謄本（婚姻が記載されているもの）
□住民票
□納税証明書及び課税証明書
□在職証明書
□前度分の源泉徴収票のコピー
□給与明細書のコピー（直近３か月分）
□預金通帳のコピー
□パスポートのコピー
□スナップ写真 10 枚程度（結婚式、２人で写っているもの、家族の方と撮影したもの）
□自宅の写真（外観、玄関、キッチン、リビング、部屋、寝室）各１枚ずつ
□自宅の賃貸借契約書のコピー
□障害者手帳コピー

【図表 32　提出した申請理由書】

東京出入国在留管理局長　殿

申請理由書

申請人の配偶者 ○○○○

私は日本人の○○○○と申します。○○○○年○月○日に、中国籍の○○と結婚いたしました。妻と結婚するに至った交際経緯や申請理由について説明させていただきます。

■交際の経緯

＜前婚について＞

私は以前も 1 度、中国籍の女性と結婚したことがあります。私は前々から中国という国にとても好意を持っていました。それは、15 年ほど前のテレビのドキュメンタリーでみた、子どもを育てるために、朝から晩まで一日中工場で働く女性たちの姿に強く心を打たれたことがあるからです。自分を犠牲にしてまでも、家族の笑顔のために必死で行動するという深い愛情に尊敬の念を抱き、こういう素晴らしい女性と一緒になれたらと、心の底でずっと思っていました。そういった憧れがあったなかで、前の妻とは、母の会社の同僚の紹介で結婚し、数年は幸せな結婚生活を送ってきましたが、私は持病の肝炎が悪化し体調を崩し、仕事を辞めることになってしまったのです。すると彼女は、次第に体力が落ちてく私の世話や食事制限などに嫌気がさしてしまい「中国に帰りたい。」と言うようになり、私が何度も止めたにも関わらず、離婚届を置いて出て行ってしまったのです。何度連絡をしてもつながらず私は仕方なく離婚届を区役所に提出し離婚をしました。結局彼女とは一切連絡がとれなくなってしまいました。私は家庭も仕事も健康も全て失ってしまったのです。
<仕事について>
それからの３年は本当につらい日々でした。私は障害者認定を受け、両親の家で生活していたので、生活自体に支障はありませんでしたがきちんと働くことができず、両親に迷惑をかけていることが本当に申し訳なかったのです。そんな中でも、低収入ながら障害者のための就労センターで働くことができるようになり、少しずつそこで働くことに慣れた後、センターに就職活動を手伝って頂き、有り難いことに一般の会社に就職することができました。障害者としての雇用ですので賃金の額は大きくはありませんが、働いて、両親に心配かけずに働いて暮らしていけることが今でも嬉しくてたまりません。
<現在の妻と出会いについて>
今の会社に入って２年ほどたったころ、治療の効果が出てきて少しずつ体調がよくなったこともあり、再婚を考えるようになりました。

ネットで結婚相談所を探したり、そういったところが主催しているパーティーに出席したりして、真剣に相手を探しましたが、当然のことながら、高い年収や健康な体を求めている女性が多く、私は結婚活動をすればするほど失望するだけでした。そんなときに、以前のように、中国の女性との結婚を考え始めました。しかし私は一度失敗しています。また出て行かれたらどうしよう、離婚話をもちかけられたどうしようと、不安な気持ちもいっぱいありました。そんな中、なんとなく眺めていた「○○○○」という結婚仲介サイトで今の妻のプロフィールと写真を見つけ、一目ぼれだった私は、いてもたってもいられずに申し込みを決意しました。私の写真とプロフィールを送り、何度か写真のやりとりをした後、サイト運営者の○○○さんと面談し、お見合いのスケジュールを決めました。以前から、中国の女性が裕福な暮らしをしたいために日本人と結婚したがるということは分かっていました。ですから、もしそういった裕福な生活目当ての人だったら、すぐに断ろうと決めていました。

＜結婚までの経緯について＞
○○○○年○月○日、私はお見合いのため、中国の○○市を訪れました。そのお見合いは一日に数人の女性と会ってお話をするものでした。実際に会った彼女は写真からイメージしていたよりも優しく見え、私の不安を一気に拭い去ってくれるような感覚がありました。同行してくれた紹介所の○○さんからも、お金目当ての女性がいるから注意したほうが良いと助言は頂いていまして、6人ほどお会いした中には、そういった目的を感じさせる女性も実際にいました。だからこそ、今の妻と対面し、通訳を通して会話をし、表情や仕草をみたときに、この人は違う、とはっきり分かりました。そして、私が彼女に魅かれたのは、彼女が栄養師をしているということもありました。
私自身が障害を抱えていますから、きっと良い支えになってくれるだろうと思ったのです。お見合いが終わった後、私は彼女が気に入った旨をスタッフの方に伝え、スタッフの方は彼女に連絡をとってくれ、夜に私のホテルで再開することができました。私は前妻との結婚の経験のおかげで日常会話程度の中国語は話すことができました。それとスマートフォンの翻訳のアプリを使って、ぎこちないながらも、お互いの趣味や、好きな食べ物のこと、日本と中国のことなどいろいろな会話を楽しむことができました。

私は当初は一旦日本に帰って、冷静に考えるつもりだったのですが、もともと一目ぼれだった上に、彼女の人柄や優しい雰囲気で彼女のことを本気で好きだと感じるようになり、思い切って結婚を申し込むことにしました。

私がその気持ちをスタッフの方を通して伝えると、なんと彼女もわたしを気に入ってくれたということでした。こういったお見合いで、しかもすぐに結婚を決め、承諾をされるということに関して、私自身、心にひっかかる点がない訳ではありませんが、わたしにとって本当に最後のチャンスだと思ったのです。次の日には、彼女の両親に会いに行き、彼女と指輪を買いに行くことになりました。その日はホテルで彼女と一緒に夕飯で中華料理を食べました。彼女が皿から料理をとって渡してくれたことが、本当の夫婦のようでうれしく思ったことを覚えています。その次の日は私が中国に滞在できる最終日でしたが、一緒に○○市内を回りました。別れる間際、寒い中、彼女が好きだという羊肉串を食べたことが印象に残っています。私が日本に帰ってからも、私たちはLINEとSkypeで毎日やりとりをしました。彼女が夜勤で返事が少ない時もありますが、彼女は休憩中などに返信をくれ、私を安心させてくれます。○○○○年○月○日に私は結婚式のために再び中国○○市を訪れました。空港に彼女が迎えに来てくれて、３ヶ月ぶりに再会することができました。翌日には披露宴をしました。午前中に二人の記念撮影をしに写真屋に行き、午後から妻の親戚一同が集まっての披露宴になりました。披露宴の最後に私は彼女に指輪をつけてあげ、記念撮影をして終わりになりました。その後結婚の登記をして、私たちは晴れて夫婦になりました。今日に至るまで、妻とはLINEとSkypeを使用してやり取りを続けています。妻と出会ったことで、私は生きる希望を取り戻すことができました。職場での業務も今まで以上に前向きに取り組むことができるようになりました。これからは、自分のためだけではなく私の人生を支えてくれる妻のためにも、今まで私を支え続けてくれた両親のためにも、助け合い、愛し合っていける夫婦であり続けたいと思っています。

＜今後の日本での生活について＞

妻はまだ日本語があまりできませんが、日本になじむために是非勉強したいと言っていますので、地域のボランティアの方が開いてくれている日本語教室に通い、日本語を勉強しながら、妻として家事などで私を支えてくれる予定です。私は現在、株式会社○○○で働いています。従業員○○名ほどで、私は事務を担当しており、月収は17万円ほどですが、私は働くこと自体に喜びを感じていますし、大きなミスをしたこともありません。このまま今の会社で働いて、妻と一緒に暮らしていこうと思っています。

以上が、私が妻○○の在留資格認定証明書の交付を希望する理由です。どうか在留資格をご許可いただけますよう、心よりお願い申し上げます。

年　月　日

○○○○

3　タイ駐在期間中に知り合い結婚した日本人男性の実例

□依頼者の略歴

東京都在住のA也さん（31歳）。A也さんは仕事でタイのバンコクに駐在中に知り合ったタイ人女性との初婚です。帰国後、仕事がかなり忙しく本人は時間がほとんど取れないとのことで初めから依頼するつもりでご相談にいらっしゃいました。

当事務所で受任し、無事許可となり奥様を日本にお呼びして幸せに暮らしていらっしゃいます。

【図表33　提出した申請書類一覧】

□在留資格変更許可申請書
□質問書
□申請理由書
□身元保証書
■外国人配偶者側で用意した書類
□証明写真（縦４㎝×横３㎝）１枚
□住民票
□非課税証明書
□日本語能力試験合格証のコピー
□日本語学校の卒業証明書
□日本語学校の成績証明書
□パスポート
□在留カード
□預金通帳のコピー
□履歴書（学歴・職歴）
□本国の結婚証明書原本と翻訳文
■日本人配偶者側で用意した書類
□在職証明書
□戸籍謄本
□住民票
□納税証明書
□前度分の源泉徴収票のコピー
□給与明細書のコピー（直近３か月分）
□預金通帳のコピー
□パスポートのコピー
□スナップ写真10枚程度（結婚式、２人で写っているもの、家族の方と撮影したもの）
□自宅の写真(外観、玄関、キッチン、リビング、部屋、寝室)各１枚ずつ
□自宅の不動産の登記事項証明書

【図表 34　申請理由書】

東京出入国在留管理局長　殿

申請理由書

申請人　〇〇〇

申請人の夫　〇〇〇〇

私は申請人の夫の〇〇〇と申します。〇〇〇〇年〇月〇日に日本でタイ人の〇〇〇と結婚致しました。妻と結婚するに至った交際経緯や申請理由について説明させていただきます。

■妻との交際経緯について

私は〇〇〇〇年〇月から〇〇〇〇年〇月まで、勤務先である株式会社〇〇のバンコク支社に駐在に来ておりました。〇〇年〇月〇日、タイ人の同僚に、バンコクで行われているイベント〇〇〇〇に誘われていったところ、他の何人かの友人たちと一緒に妻も来ていたのです。妻は、同僚とも友人関係にあったようで、その時に紹介してもらいました。

妻は日本語が話せませんでしたが、旅行代理店で働いていたこともあり英語が話せました。私も英語が話せますので会話は基本的に英語でした。初めて会って話をしていくうちに、彼女の活発で底抜けに明るく前向きな性格に惹かれている自分がいて、気づけばあっという間に時間が過ぎていました。その後も何度か友人たちと一緒に食事へ行ったり、ときには妻と２人で食事に行くこともあり、会うたびに気持ちが高揚していき次に会える日が待ち通しかったのを覚えています。
○○○○年○月に、妻と２人でワットポーというバンコクで有名な観光名所に行きました。そこで私の方から告白し交際が始まりました。後に妻に聞きましたが、告白しようとしているのが私の態度でわかりやすかったそうです。
交際中は妻に色々なところを案内してもらいました。有名なアユタヤやパタヤなどへ行きました。歩きながらお互いの母国語を教え合ったりし、夜はナイトマーケット（夕方から夜中にかけて開かれている市場）などで食事をしたりしました。私はタイの有名な観光名所よりも、妻と過ごしている時間のほうが何よりも楽しかったです。
○○○○年○月に、私が駐在を終えて日本に帰国してからも交際は順調に続きました。タイにいたときから妻は日本語を覚えたいと言っておりましたが、○○年○月○日に、日本に旅行で会いにきてくれました。私が一人暮らしだったので１ヶ月の旅行期間中はずっと自宅に泊めてあげました。

妻が日本に来てからは、今度は私が日本をたくさん案内いたしました。大江戸温泉やサンリオピューロランド、ディズニーランド等に行き、また私の実家が○○県にあるのですが、両親にも妻を紹介いたしました。私の両親は妻をとても気に入ってくれたようで、妻と私と私の両親で箱根に温泉旅行にも行きました。

交際を続けていくうちに、これからもずっと一緒にいたいという気持ちが強くなってきました。妻も同じ気持ちだったようです。○○年○月○日、東京スカイツリーに行った時に私のほうからプロポーズをし、妻から「はい」と返事をもらったときは、とてもうれしかったです。私の両親には○○年○月○日に○○に帰った時に結婚の挨拶をして、妻の両親には○○年○月○日にタイに行き、結婚のご挨拶をいたしました。○○年○月○日に○○市役所へ婚姻届を提出した後に、あらためてお互いの両親にメールで結婚の報告をいたしました。上記のような経緯で私達は結婚いたしました。

■今後の結婚生活について

私の現在の年収は給与で約 500 万円ほどあり、預貯金は 200 万円ほどあります。妻は現在働いておりませんが預貯金は日本円で約 60 万円程あります。来日後は語学力を活かした仕事を探す予定です。

私は、妻と出会えたことを感謝し、これからも妻とともに、日本で誠実に暮らしていきたいと考えております。上記の内容を高配いただき、妻に「日本人の配偶者等」の在留資格を交付いただけますよう、お願い申し上げます。

〇〇〇〇年〇月〇日

夫　〇〇　〇〇

4　ベトナム人留学生と結婚した日本人男性の実例

□依頼者の略歴

千葉県在住のA夫さんは、長年勤めた会社を定年した61歳です。再雇用で収入は大幅に減りましたが、退職金が何千万円と入っていたようで、生計は安定していました。ご自宅も持ち家です。離婚していましたが、前妻との間に2人の娘さんをお持ちです。

結婚したベトナム人女性は、娘さんより年下でした。最初は、自分で申請しようとしていたようですが、かなりの歳の差婚は不許可になりやすいというインターネットからの情報を得て不安になり、ご相談に来られました。当事務所で受任し無事許可となりました。

【図表35　提出した申請書類一覧】

□在留資格変更許可申請書
□質問書
□申請理由書
□身元保証書
■外国人配偶者の用意した資料
□証明写真（縦4㎝×横3㎝）
□パスポート
□在留カード
□日本語学校の卒業証明書
□日本語学校の成績証明書
□日本語能力試験の合格証明書
□通帳のコピー
□履歴書（学歴と・職歴）
□婚姻関係証明書原本（韓国領事館）と翻訳文
■日本人配偶者の用意した資料
□戸籍謄本
□住民票
□住民税の課税証明書
□住民税の納税証明書
□預金通帳のコピー
□パスポートのコピー
□給与明細書の直近3か月分コピー
□在職証明書
□不動産の登記事項証明書
□自宅の写真（外観、玄関、キッチン、リビング、各部屋、寝室）各1枚ずつ
□スナップ写真10枚程度（結婚式、夫婦で写っているもの、親族の方などと撮影したもの、食事会の写真など）

【図表 36　申請理由書】

東京出入国在留管理局長　殿

申請理由書

私は申請人の夫の〇〇〇〇と申します。〇〇〇〇年〇月〇日にベトナム人の〇〇と結婚致しました。妻と結婚するに至った交際経緯や申請理由について説明させていただきます。

■妻との交際経緯について

私が妻の〇〇と知り合いましたのは〇〇年〇月〇日で、彼女がベトナムから私の会社に研修に来た時に知り合いました。ベトナムからは３人程研修に来まして、私はその研修生たちを教える担当者でした。初めて日本に来た人がほとんどでして、彼女も日本には初めて来たと言っていました。日本にきた研修生たちは皆日本語がある程度できる人が来るのですが、彼女はあまり日本語ができませんでした。後に彼女に聞きましたが、日本語を理解はできるけど、なかなか話すことが難しいようでした。私はそんな彼女を心配して、できる限り気にかけてみていました。特に仕事上で難しい専門用語が出るときは、彼女が理解できるように詳しく説明してあげたり、彼女がなにかミスをした時は、一緒に遅くまで残って作業を手伝ったりしていました。

約２か月後の研修が終わる〇〇〇〇年〇月〇日、彼女と一緒に休みを取り、彼女が以前から行きたがっていました富士山に２人で一緒に行きました。私は当時結婚しており子供もおりましたが、当時の妻の多額の借金が原因で長年別居状態でありました。しかし子供のためにも離婚はせず、借金の取り立てが来ないように返済を続けるため、必死になって働いていました。そんな時に彼女に出会い、あまり日本語がわからないことに甘え、彼女に色々愚痴を聞いてもらっていました。そのお礼として彼女が行きたがっていた富士山を案内してあげようと思ったのです。彼女はとても喜んでくれましたし、私も良い気分転換になりました。その翌日の〇〇日には彼女はベトナムに帰国しました。

彼女が帰国してからも連絡は取っていました。そして〇〇年〇月〇日に、私は仕事でホーチミンに行くことになりました。そのことを彼女に伝えたところ、彼女は私が富士山を案内してくれたお礼に、ホーチミンを案内してくれると言いました。久しぶりに彼女に会いましたが、ベトナムでの彼女はとても活き活きとしていて、彼女本来の性格である活発で底抜けに明るく前向きな性格で、一緒にいてとても気持ちが安らいだのを覚えています。

そして○月にも仕事でベトナムに行くことになり、その時も彼女に連絡をして会いました。その後の○○○○年○月には、仕事ではなく彼女に会いたいと思い、休暇を取ってベトナムに行きました。私の年齢などから、直前まで自分の気持ちを告白するかどうか迷いましたが、ベトナムで彼女に会った際に、いろいろと悩む以前に私は彼女のことが好きだと思い、私の泊まったホテルで告白をし、交際をすることになりました。それからは毎年2回ほどベトナムに行き順調に交際を続けてきました。○○年のある日、彼女の家族がお見合いの話しを持ってきました。彼女も、もうすぐ30歳目前ですので、心配をしてお見合いのお話しを持ってきたそうです。私はすごく悩みました。他の誰かにとられたくない気持ちと、私ではなく、もっと他に良い人が見つかった方が、彼女の幸せのためには良いのかもしれないという気持ちで、揺れておりました。私はその時55歳で、離婚もできておりませんでしたので、現実的に、彼女の幸せのためには身を引いた方が良いと思い、しばらくは連絡をするのを止めました。しかし、この機会が人生で最後の重大な分岐点なのではないかと思い、約1か月後Skypeで彼女に連絡しました。彼女は私からの連絡がないので私に何か事故などがあったのではないかととても心配していたそうです。心配をかけて申し訳ないという気持ちと、久しぶりに彼女の声を聞いて、いろいろと悩む以前に私は彼女のことが好きだということを改めて感じました。

約半年後の○○○○年○月にベトナムに行き、今後の生活について具体的な話をして、私は日本で一緒に住もうと、彼女にプロポーズしました。しかし、彼女は日本での生活に不安を抱えていまして、直ぐには受け入れてもらえませんでした。そこで色々話しをした結果、まずは結婚ではなく、日本に留学をすることになりました。将来的に日本で暮らすためには日本語をもっと勉強したほうがよいとも思いましたので、賛成いたしました。

彼女が日本に留学して約１年半が経過した○○年○月○日、私は子供たちの理解もあって正式に当時の妻との離婚が成立いたしました。そこで改めて彼女にプロポーズをし、「はい」という返事をもらったときはとても嬉しかったです。子供たちも彼女に会ったことがあり、結婚する時の証人にもなってくれました。

上記のような経緯で私たちは結婚し、○○○○年○月○日に○○区役所に婚姻届けを提出致しました。

■今後の結婚生活について

私は長年〇〇〇〇株式会社に勤務しておりまして、〇〇年の年収は約〇〇〇万円ございました。〇〇〇〇年〇月で定年を迎えましたが、年金受給の年齢の65歳までは再雇用してもらえることになりまして、月に約17万円の収入がございますし、預貯金は退職金が入り約〇〇〇〇万円ございますので、経済的な不安はございません。

私は妻と出会えたことを感謝し、これから妻と共に、日本で誠実に暮らしていきたいと考えております。上記の内容を高配頂き、妻に「日本人の配偶者等」の在留資格を交付いただけますよう、お願い申し上げます。

〇〇〇〇年〇月〇日

夫　〇〇　〇〇

5　出合い系サイトで中国人と知り合い結婚した日本人男性の実例

□依頼者の略歴

東京都在住のA太郎さん(39歳)。現在、求職中で無職。両親に生活費の援助を受けている。インターネットの婚活サイトで中国在住の中国人女性(29歳)と知り合い、中国に渡って結婚手続をしました。中国人女性には、前婚の中国人男性との間に娘が1人います。結婚後、日本に妻と子を呼び寄せようと自分で申請を行ったが不許可。当事務所に相談に来たケースです。

□結果

最初ご相談にいらっしゃったときは、不許可になって軽いパニック状態でしたが、話を詳しくヒアリングしていくと、何とかリカバリーできそうだと判断しました。

幸い、前回ご自分で申請した書類の記録とコピーが残っていたので、それを精査しました。

不許可の原因としては、本人に収入がないのに、どうやって妻とその子と3人で生活を成り立たせることができるのかということがはっきり説明されていないことと、結婚に至るまでの経緯の説明が不足していることが考えられました。

そこで、再申請に当たり、しっかり文書で説明をし、さらに家族からの嘆願書も提出。また、その説明内容を証明する書類を提出することで無事許可に致ることができました。

【図表 37　提出した申請書類一覧】

□在留資格認定証明書交付申請書
□質問書
□申請理由書
□身元保証書
■外国人配偶者が用意した書類
□証明写真
□結婚公証書と翻訳文
□出生公証書と翻訳文
□親族関係公証書と翻訳文
□最終学歴の卒業証明書と翻訳文
□履歴書（学歴・職歴）
□パスポートのコピー
□電話・メール・手紙等の通信履歴
■連れ子が用意した書類
□証明写真
□パスポートのコピー
□出生公証書と翻訳文
□現在在籍している学校の在学証明書
□日本語学校の在学証明書
■日本人配偶者が用意した書類
□戸籍謄本
□本人の住民票、両親の住民票
□本人の非課税証明書、両親の課税証明書と納税証明書
□結婚証のコピー（全ページ）
□スナップ写真１０枚程度(結婚式、夫婦で写っているもの、親族の方などと撮影したもの、食事会、子供と写っているものの写真など)
□自宅の写真(外観、玄関、キッチン、リビング、各部屋、寝室)
□所有している全部の不動産の登記事項証明書
□本人と両親の預金通帳のコピー
□パスポートのコピー
□外国人配偶者との電話・メール・手紙等の通信履歴、生活費の送金記録

【図表 38　申請理由書】

東京出入国在留管理局長　殿

申請理由書

申請人：○○○

申請人の夫：○○○

私は申請人の夫の○○○○と申します。○○○○年○月○日に中国の○○市にて中国人の○○○と結婚致しました。妻と結婚するに至った交際経緯や申請理由について説明させていただきます。

■妻との交際経緯について

私が妻の○○○と知り合ったのは、○○○○年○月初旬ごろで、「○○○ドットコム」というインターネットのサイトで連絡を取り合いました。

○○○ドットコムというサイトは、いわゆる出会い系サイトではなく、世界 35 か国で 1,500 万人が登録しており、8 か国語にも対応していることから、国際交流を前提とした結婚、結婚を前提とした恋愛を希望する真剣な会員によって成り立っております。

そのウェブサイトで彼女と連絡を取り合っている中で、私は彼女が外国人なのに日本語が上手で話しが合うと感じ、好感も持てましたので、彼女にとても会いたいと思いました。私は彼女に会うために、〇〇〇〇年〇月〇日に中国に渡航しました。彼女には９歳の娘がいることは事前に聞いていましたので、彼女と一緒に彼女の娘にも会うことができました。

初めて会った彼女は、私の想像以上に優しくて慈愛に満ちておりました。また、彼女と話しをしていくうちに、彼女の活発で底抜けに明るく前向きな性格に惹かれている自分がいて、気づけばあっという間に時間が過ぎていました。中国には〇月〇日から〇日までの滞在予定であり、その期間に彼女の家族にも会わせてもらい、一緒に食事に行きました。また、私の趣味である囲碁をしたり、私と彼女の大好きなカラオケにも行きました。私の中で彼女と過ごした時間は本当にかけがえのないものになりました。中国での滞在は５日間の日程でしたが、彼女とこれからの人生を歩んでいきたいと本気で思い、〇月〇日に彼女にプロポーズをしました。彼女は娘のことを考えているようで、娘の気持ちも聞いてみたいと言い、その時は返事を保留しました。翌日に彼女から私のプロポーズを受けてくれると返事をもらいました。私はとても嬉しくて、その場で彼女を抱きしめてお礼を言いました。彼女の娘にも認めてもらえたみたいでして、愛くるしいこの子を我が子のように守っていきたいと強く決意いたしました。

上記のような経緯で○○○○年○月○日に中国の○○省○○市民生局に結婚登記の手続きを完了し、日本に帰国してから○○○○年○月○日に○○区役所に結婚の報告的届出を提出いたしました。

そして妻を日本に呼ぶために○○○○年○月、申請をさせていただきましたが、残念ながら不許可になりました。申請が不許可になった後の○○○○年○月○日、妻と娘に会いに中国に行きました。大変申し訳ないという気持ちを伝えたところ、妻と娘は笑って許してくれましたが、どこか寂しそうな表情をしていました。

前回申請させていただいた時は、私たちの結婚についての説明が不十分であり、かつ、年齢も離れているため、結婚が疑われているのかも知れませんが、私たちは本当に愛し合って結婚致しました。もし今回不許可になりましても何度でも申請させていただく予定です。

■今後の結婚生活について

私は現在父が所有している住居にひとりで住んでおります。父の持家なので家賃はかかりません。私は現在求職中であり、収入はございませんが預貯金は約５００万円ございまして、その他足りない分につきましては父親が援助をしてくれます。父親の年収は年金収入が約〇〇〇万円、資産運用として約〇〇〇万円の収入がございます。妻が来日しましたら私の住居に住む予定です。妻も来日後はアルバイトを探すと言っており、私の父の所有の住居なので生活するのにあまりお金はかかりませんが、私と妻の仕事が見つかるまでは、私の預貯金と父からの援助で生活をする予定です。

私は、妻と出会えたことを感謝し、これからも妻とともに日本で誠実に暮らしていきたいと考えております。上記の内容を高配いただき、妻に「日本人の配偶者等」の在留資格認定証明書を交付いただけますよう、お願い申し上げます。

〇〇〇〇年〇月〇日

夫　〇〇〇〇

【図表 39　嘆願書】

嘆　願　書

東京出入国在留管理局長　殿

私、○○○○は、息子○○の妻、「○○○」とその娘である、「○○」の結婚および家族となることに賛成し、息子の妻には日本人の配偶者等・その娘○○には定住者の在留許可を賜りますよう心から願っております。

初めて息子が中国の方と結婚するということを聞かされた時はとても驚きましたし、さらに娘までいることにとても心配をいたしました。

しかし、中国から帰ってきたときの息子の顔はとても朗らかで、幸せそうな表情をしていました。息子が自分で選んだ相手なら良いとも思い、それに息子にとっても最初で最後のご縁だと思い、この度の結婚に賛成いたしました。

息子は現在無職でありますが、結婚を機に仕事を探すと言っており、家庭を持つという責任感が芽生え、父親としては嬉しい限りでございます。お嫁さんである○○○さんや、娘○○ちゃんが一日でも早く日本の生活に慣れることに、私は義父として、一郎と共に全力で支えていく覚悟でございます。

何卒ご賢察ご高配をいただき、息子のお嫁さんである「○○○」と娘である「○○」への在留資格の認定を賜りますよう、心よりお願い申し上げます。

○○○○年○月○日

住　所　○○○

氏　名　○○○　　　　　　印

申請者との関係　　義父

第6章　不許可になりやすいケースの対応策

1　夫婦の年齢差が大きい場合

夫婦の年齢差が大きい場合は、不許可の可能性が高くなります。一般的（実務感覚的）には、夫婦の年齢が15歳以上離れていると偽装結婚の疑いが強くなるかと思います。

なぜなら、年齢差があるということは、それだけで出会う機会が少なくなったり、相性や価値観があわなくなることが一般的で、出入国在留管理局から偽装結婚の疑いが生じやすいためです。

事実、過去の査証（ビザ）目的の偽装結婚の例を見ると、年齢差が大きいものが多く、出入国在留管理局としては非常に警戒を強めていると考えたほうがよろしいかと思います。

では、どのように対応すればよいのかについて説明いたします。

まずは、2人の交際の経緯をできる限り詳しく説明いたします。ご自身や相手の気持ちの変化なども詳しく記載するとよいでしょう。

・「なぜ」交際をしようと思ったのか、交際中はどのようなところに行ったのか
・「なぜ」結婚をしようと思ったのか、お互いのご両親等にご挨拶は行ったのか
・「なぜ」彼（彼女）は、交際を、ましてや結婚を受け入れてくれたのか

これらのような「なぜ」という疑問をすべて説明します。そして、それにかかわる立証資料として、お互いの写真やお互いの通信記録などを提出するとよいでしょう。

写真については、単に2人で写ったものだけではなく、家族や親戚・友人と一緒に写ったものがあるとなおよいでしょう。

彼（彼女）が海外にいる場合は、会いに行った回数も重要になります。1度も会ったことがないようでしたら、もはや偽装結婚だとして、不許可（不交付）になっても仕方がありません。1度も会わずして結婚をするのは、不自然極まりないからです。

夫婦の年齢差が大きい場合には、詳細な説明と、その説明を証明できる充実した立証資料の提出によって、偽装結婚の疑いを払拭していくことが有効です。

2　結婚紹介所のお見合いによる結婚の場合

結婚紹介所や結婚仲介会社のお見合いによる国際結婚の場合は、不許可の可能性が高いです。国際結婚紹介所に登録する外国人というのは、日本に行きたいがためのビザ目的で日本人と結婚したい人や、お金目的で結婚をし、実際に日本に来てからは結婚生活の実態を伴わない場合が非常に多いためです。

つまり、結婚して来日してからは、ほとんど家に帰らず、どこかに外泊し、全く家に戻ってこなくなってしまうということです。

結婚生活とは、夫婦として同居し、協力・扶助を行っていることをいいます。お見合い結婚であっても、全員がそうであるとは全くいえないのは承知しています。お見合いであっても本気の結婚の方が多数いるとは思います。しかしながら、事実、結婚紹介所を介した結婚のケースでは、来日してからの結婚の実態が伴っていないことが発覚する場合が多いため、出入国在留管理局は非常に警戒を強めているということです。

では、どのように対応すればよいのかについて説明します。

あくまでも偽装結婚を推奨するものではなく（絶対ダメ）、本気のお見合い結婚であっても疑われる現状を踏まえ、本気の結婚なのに疑われた場合の対応策です。

まずは結婚紹介所について、できる限り詳しく説明をします。信用に足る業者であると決めたご自身の気持ちも記載するとよいでしょう。

・結婚紹介所の概要、登録者の傾向や規模・運営者の情報
・紹介についての流れ
・登録する際の審査基準

これらのような紹介所の詳細な説明をして、その上で結婚した彼女（彼）との交際や結婚に至るまでの経緯や気持ちの変化を説明します。

そして、それにかかわる立証資料として、お互いの写真やお互いの通信記録等を提出するとよいでしょう。紹介所を介した通信記録もあると、なおよいでしょう。

彼女（彼）が海外にいる場合は、会いに行った回数も重要になります。1度も会ったことがない

ようでしたら、もはや偽装結婚だとして、不許可になっても仕方がありません。1度も会わずして結婚を決めるのは不自然極まりないからです。

さらに、1回の渡航だけで結婚を決めたというのも、お見合いとはいえ、一般的に考えればかなり不自然です。初めて合った異性とその場で結婚を決めるということは、いわゆる一般常識の範囲外と考えられます。最低でも2回は渡航することをおすすめします。

結婚紹介所のお見合いによる結婚の場合には、詳細な説明とそれに伴う充実した立証資料の提出によって、偽装結婚ではないかという疑いを払拭していくことが有効です。

3　出会い系サイトで知り合った場合

出会い系サイトで知り合って国際結婚する方も増えているようです。この場合も、不許可の可能性が高いです。

出会い系サイトに登録する外国人は、結婚紹介所を通して結婚しようとする外国人と同じように、ビザ目的やお金目的で結婚をしようする方が多くいるのが実態です。全員が全員そうであるというつもりは全くありません。あくまでまぎれている可能性が高いということです。

ビザ目的ということは、実際には結婚生活の実態を伴わない場合が非常に多くなります。

結婚生活とは、夫婦として同居・協力・扶助の活動を行っていることをいい、紹介所を介した場合は、その実態が伴わない場合が多いため、出入国在留管理局は非常に警戒を強めています。

では、どのように対応すればよいのかについて説明します。

出合い系サイトといっても本当に真面目なものもたくさんありますし、そうでないものも多数あります。したがって、まずは当該出会い系サイトについて、できる限り詳しく説明します。信用に足るサイトであると決めたご自身の気持ちも記載するといでしょう。

・出会い系サイトの概要、登録者の傾向や規模
・セキュリティー対策や秘匿性
・登録する際の審査基準

このような出会い系サイトの詳細な説明をして、その上で結婚した外国人配偶者との交際や結婚に至るまでの経緯や気持ちの変化を説明いたします。

そして、それにかかわる立証資料として、お互いの写真やお互いの通信記録等を提出するとよいでしょう。出会い系サイトを介した通信記録があれば、なおよいです。

出合い系サイトで知り合った場合、彼女（彼）が海外にいる場合も多くあります。その際には、会いに行った回数も重要になります。1度も会ったことのないようでしたら、これも偽装結婚だとして、不許可になっても仕方がありません。

出会い系サイトで知り合った場合は、詳細な説明とそれに伴う充実した立証資料の提出によって、偽装結婚の疑いを払拭していくことが有効です。

4　日本人配偶者の収入が低い場合

残念ながら、結婚がまっとうだとしても、日本人配偶者の収入が低い場合は、不許可の可能性が高くなります。なぜなら、いくら結婚に至るまでの経緯を詳細に説明ができたとしても、今後、日本での結婚生活が経済的に安定して送ることができないような場合では、ビザを許可しても意味がないからです。

収入がない場合には、すぐに結婚生活が破綻するリスクが高く、また外国人配偶者分の生活費が増えたことにより生計が維持できなくなり、生活保護を受けるようなことがあれば全く国益とならないからです。

さらに、外国人犯罪などの違法行為に手を染める可能性も高くなってくるため、出入国在留管理局は審査を厳しく行います。

では、どのように対応すればよいのかについて説明します。

まずは、ご自身の資産や収入について見直してみることをおすすめします。さらに、親族等の援助が受けられる状況であれば、その旨を記載するとよいでしょう。

・ご自身の預貯金や不動産等
・就職先の雇用形態と給与

・ご自身の就労状況や求職活動状況
・ご親族等の援助
・ご親族から援助を受けられる場合はどのような援助か
・ご親族の預貯金や不動産等

原則として、出入国在留管理局が収入として認めているのは、課税・納税証明書に基づいたものです。課税・納税証明書は、発行年の前年の所得を元に計算されるため、収入額は前年の金額になります。就職して間もない場合やそもそも無職の場合には、収入額が低い、もしくは0である場合も多いと思います。その場合は、前記のようなご自身の資産等を見直し、求職中である場合には、失業手当を受けており当面の生活基盤に問題がないことや、具体的な求職活動の状況、職が得られる見込み等を記載するとよいでしょう。

ご自身だけで補えない場合は、ご親族等に援助をお願いする必要があります。もちろん、援助は、ただお願いして了承を得るだけではなく、援助をしてくれる人の収入証明を提出する必要があります。

また、日本での就職先が決まっている場合は、雇用会社からその旨の証明書を提出することもよいでしょう。

日本人配偶者の収入が低い場合には、このような収入の詳細な説明とそれに伴う充実した立証資料の提出によって、結婚後の生活も安定して送れるということを証明していくことが有効です。

5　日本人配偶者が過去外国人との離婚を繰り返している場合

日本人配偶者が過去外国人との結婚・離婚を繰り返している場合は、不許可リスクが高まります。なぜなら、外国人との結婚・離婚を繰り返している場合には、日本人が外国人からお金をもらって偽装結婚をしている場合があるからです。

ビザ目的で外国人からお願いされ、お金と引き換えに結婚するようなケースです。当然、結婚生活は実態を伴っていないために、発覚しそうになると離婚というのを繰り返すような悪質なケースもあります。

そもそも結婚の経緯事態も虚偽の場合が多いため、出入国在留管理局は警戒を強めてきます。では、本当の結婚であるのに、過去に外国人と結婚・離婚をしていた場合に、どのように対応すればよいのかについてご説明します。

まずは、過去の離婚の経緯をできる限り詳細に説明をすることです。離婚という経験を踏まえた上で、今回の結婚に至った気持ちの変化等を記載するとよいでしょう。

・「なぜ」離婚をしたのか、離婚に至った原因はどのようなことなのか
・「なぜ」再婚相手と交際をしようと思ったのか、交際中はどのようなところに行ったのか
・「なぜ」再婚をしようと思ったのか、相手は前婚のことについてどこまで知っているのか

このような「なぜ」という疑問をすべて説明します。そして、それにかかわる立証資料として、離婚の原因になったことの証明（浮気写真や借金がある場合は借用書等）の資料を提出するとよいでしょう。それに加えて再婚相手との写真や通信記録等を提出するとよいでしょう。

日本人配偶者が過去に外国人との離婚を繰り返している場合には、このように詳細な説明とそれに伴う充実した立証資料の提出によって、偽装結婚の疑いを払拭していくことが有効です。

6　出会いが外国人パブなどの水商売のお店の場合

出会いが外国人パブなどの水商売のお店の場合は、不許可の可能性が高いです。なぜなら、水商売で働いている場合は、税金をきちんと納めていない等、来日以降の在留状況に問題があるとみなされる場合が非常に多いためです。

なかにはそもそも不法入国であったり、不法就労のような場合も現実的にはあります。また、本人は違法なことをしていなくても、お店が違法状態である場合もあります。お店が違法というのは、具体的には風営許可をとっていない、留学生を雇っている、就労制限のある外国人女性を雇っている等です。

接客ができる外国人は、「日本人の配偶者等」「永住者」「永住者の配偶者等」「定住者」だけです。そのほかの在留資格を持つ外国人を接客で雇うと不法就労となります。

では、出会いは水商売のお店ではあったが本気の結婚の場合、どのように対応すればよいのかについてご説明します。

まずは、２人の交際の経緯をできる限り詳しく説明します。税金の申告をしていない場合は、速やかにその事実を申告させ、納めるべき税金を納めさせましょう。

・日本にきた経緯、具体的な年月日や在留資格等の説明
・来日から現在までの在留資格の変遷
・水商売で働くことになった経緯
・結婚後も水商売のお店で働くのか
・結婚後の婚姻生活上の経済基盤の説明

これらのことを詳細に説明します。そして、２人が出会った経緯や交際に至った経緯、結婚を決めた気持ちの変化等をご自身と相手方のとあわせて説明することがよいでしょう。

結婚後も水商売は続けるのか、辞めるのかについては、配偶者の考え（理解）についても説明したほうがよいでしょう。

それにかかわる立証資料として、お互いの写真やお互いの通信記録等・辞める場合は退職願の写しを提出するとなおよいでしょう。

出会いが外国人パブなどの水商売のお店の場合には、このように詳細な説明とそれに伴う充実した立証資料の提出によって、偽装結婚の疑いを払拭していくことが有効です。

7　交際期間がかなり短い場合

交際期間がかなり短い場合も不許可の可能性が高いです。なぜなら、交際期間が短すぎますと、結婚の信憑性に疑義が生じやすくなります。

かなり短いというのは、おおむね初めて出会ってから3か月以内ということができます。一般的な感覚として、3か月で結婚というのは「早い！」と周りから言われそうですよね。

つまり、本当の偽装結婚の場合は、交際期間などなしにすぐさま結婚してしまうので、交際期間が短いイコール偽装なのではという疑義が生じやすいのです。

では、どのように対応すればよいのかについてご説明します。

まずは、2人の出会いから交際・結婚に至る経緯をできる限り詳しく説明します。ご自身や相手の気持ちの変化等も詳しく記載するとよいでしょう。

・「なぜ」交際をしようと思ったのか、交際中はどのようなところに行ったのか
・「なぜ」結婚をしようと思ったのか、お互いのご両親等にご挨拶は行ったのか
・「なぜ」彼（彼女）は短期間で交際に至ったのか
・ましてや「なぜ」短期間の交際でも結婚を決めた&受け入れてくれたのか

これらのような「なぜ」という疑問をすべて説明します。そして、それにかかわる立証資料とし

て、お互いの写真やお互いの通信記録等を提出するとよいでしょう。

写真については、単に２人で写ったものだけではなく、家族や親戚・友人と一緒に写ったものがあるとよいでしょうし、通信記録については、気持ちの変化を辿れるようにするとなおよいでしょう。

交際期間がかなり短い場合には、このように詳細な説明とそれに伴う充実した立証資料の提出によって、偽装結婚でなくともその疑いを払拭していくことが有効です。

8　交際期間を証明できる写真をほとんど撮ってきてなかった場合

交際期間を証明できる写真をほとんど撮ってきてなかった場合は、不許可リスクが高くなります。なぜなら、写真というのは、交際していることを証明する重要な立証資料になるからです。現在のようにスマホや携帯で気軽に写真が撮れる時代にあって、写真がないというのはかなり不自然だからです。２人の写真がないのは偽装結婚であるということを自ら証明しているようなものです。

つまり、偽装結婚であれば、そもそも交際の証明となる写真が用意できないのです。なぜなら、２人で旅行に行ったこともなければ、友達や親族との写真も撮れないでしょう。過去の写真が全くない場合は、出入国在留管理局としては警戒してきます。

では、どのように対応すればよいのかについてご説明します。

本当の結婚であるのに、写真を撮る習慣が全くなかったカップルも中にはいるかもしれません。まずは、2人の出会いから交際・結婚に至る経緯をできる限り詳しく説明します。そして、これからでもいいので、恥ずかしがらずに写真を撮りましょう。

・交際中に2人で出かけた場所での記念写真
・家族や親戚、友人たちとの記念写真
・自宅でのほのぼのとした2人の記念写真
・テレビ電話をしている状態の記念写真
・結婚式や披露宴での記念写真

このような写真を今からでも良いので撮りましょう。そして、過去の交際を立証する資料としては、通信記録を提出しましょう。必ずメール、LINE等の通信記録、もしくは国際電話等の履歴があるかと思います。手紙でも構いません。

そして、申請した後でも、毎月写真や通信記録を追加で出入国在留管理局に送るとなおよいでしょう。過去のものがない場合は、現在のものをできる限り積み重ねて提出するしかありません。

交際期間を証明できる写真をほとんど撮ってきていなかった場合には、このように詳細な説明とそれに伴うできる限りの立証資料の提出、そして申請後も追加で提出することによって、偽装結婚でなくともその疑いを払拭していくことが有効です。

第7章　オーバーステイの彼・彼女と結婚して日本で暮らしたい

1　オーバーステイの外国人との結婚

外国人の彼・彼女と付き合ってみると、実はオーバーステイだったことがわかった！　そんな2人が結婚して日本で暮らしていくためには、２つの方法があります。

①　帰国せずに「在留特別許可」を申請する

②　いったん帰国してもらってから呼び寄せる

まず、どちらの申請をするにしても、結婚済みであることが条件です。

「在留特別許可」とは、オーバーステイなどで不法に日本に滞在している外国人でも、日本人との結婚によって「特別に」許可を与えるというものです。

いったん帰国してもらってから呼び寄せるのは、「在留資格認定証明書交付申請」を行うことになります。自ら入国管理局に出頭し、オーバーステイであることを申告し、母国に帰る。出国命令を受け、１年経過後に、日本人配偶者に日本に呼んでもらう手続です。

自ら出頭して帰国した場合は、出国命令となり、１年は入国禁止期間となり日本に入国できません。また、強制退去された場合、再入国禁止期間は、５年です。

いったん帰国すると、どちらにせよ離れ離れになる期間が発生します。入国禁止期間中でも入国させたい場合は、「上陸特別許可」となりますが、「在留特別許可」よりもハードルはかなり高くなります。したがって、どの申請でいくのかは十分に検討する必要があります。

現在、不法滞在中の外国人とお付き合いしている日本人の方で、結婚を考えている方からよく「これからオーバーステイの外国人と結婚を考えています。結婚してビザを取ることはできますか」という質問をされます。

専門家に依頼して、しっかりした手続を経て、書類作成を間違いなくできればという条件付きであれば、取れる可能性が高まります。

基本的に、オーバーステイ状態でも、国に帰らずに、日本で結婚手続は完了させられます。結婚が成立した後に、在留特別許可を申請し、最終的には「日本人の配偶者等」という在留資格が取れる可能性があります。

入国管理局は、在留特別許可の申請前に（申請前なので審査前なのですが）、「許可にはなかなかならないから1度帰国してから、配偶者に再度呼び寄せ手続をしてもらうように」と強くすすめられることがありますが、実際、1度帰国してしまうと、再来日できる保証はありません。

1回帰国したらもう戻って来られなくなったという人もいます。ですので、ケースによると思いますが、1度帰国するより、在留特別許可をしたほうが有利なケースも多くあるということです。

オーバーステイの外国人は、どんなに真面目に日本で生活していても、法律違反の状態は解消されません。常に捕まるリスクがあるというわけです。

したがって、オーバーステイの外国人が日本人と結婚して日本で生きていくというなら、在留特別許可を申請することは、どの道やらなければいけないということです。

では、どうやって許可をとるかですが、入国管理局に言われたとおりのものを提出したからといって、在留特別許可が認められるわけではないということをまず押さえてください。

自分の申請を有利にするための立証資料は、自分自身の責任において準備しなければなりません。そもそも不法滞在の状態で、どうやって結婚手続を行っていくのか。用意する書類は？　書類の作成はどうしたらよいのか？　在留特別許可の申請の手順など、初めての方にはわからないことがほとんどだと思います。

在留特別許可の申請は、とても専門的な内容になり、それだけで1冊の本になってしまいますので、本書では説明を省略させていただきます。

在留特別許可は、申請してから結果が出るまでは3か月～1年くらいかかります。ただし、特別な事情がある場合は、結果が出るまで2年～3年の期間がかかるケースもあります。

また、申請中は出国できませんので、注意してください。

2　在留特別許可とは

在留特別許可とは、不法滞在（オーバーステイ）等の外国人に対し、法務大臣の自由裁量によって、特別に日本での在留を許可する措置です。

在留特別許可になるかどうかは、不法滞在している外国人の家族関係や日本滞在歴のほか、政策等でも影響があります。

許可基準は、はっきり明示されていませんが、『在留特別に係るガイドライン』というものが法務省から発表されています。それによると、一般的に許可になりやすいのは、次の３つのケースです。

① 日本人と結婚していること
② 永住者と結婚していること
③ 日本人の子どもを養っていること

この３つは、許可の可能性が高いというだけで、必ず許可になるわけではありません。

在留特別許可は、明確な基準がありませんが、刑法違反・素行不良、過去に退去強制手続を受けている場合は、許可がかなり難しくなります。

また、結婚していても偽装結婚では、在留特別許可は認められません。しっかり書類を準備して申請書を提出した方で、早くて６か月ぐらいの場合もありますが、審査が長くなり、１年以上になる場合もよくあります。

3　在留特別許可の流れを知っておく

不法滞在の外国人が日本人と結婚した場合に、正規の在留資格（ビザ）を取得するまでの在留特別許可の流れをご説明します（図表40参照）。

調査を行うのは、入国警備官です。

事情を聞かれるのは、主に外国人本人ですが、外国人本人は席を外して、日本人配偶者だけが事情を聞かれることもありますし、夫婦揃って事情を聞かれることももちろんあります。

聴取内容は、違反事実の確認や結婚に至った経緯、現在の生活状況といった質問が主です。

出頭当日の調査時間は、およそ2～3時間くらいです。

【図表40　在留特別許可申請の流れ】

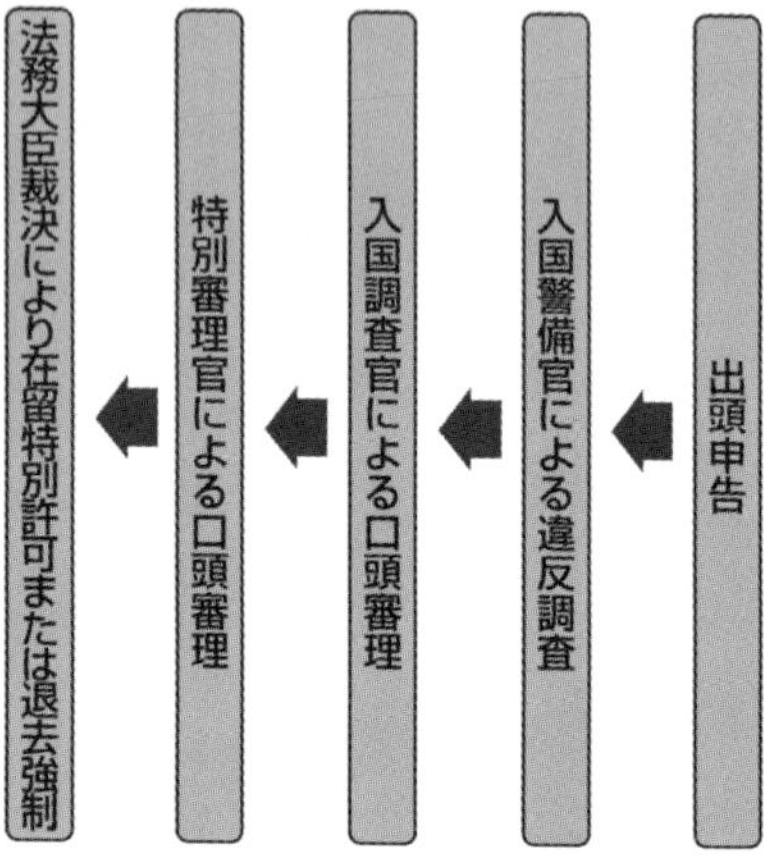

出頭当日の調査が終わると、入国警備官から次回持ってきてほしい必要書類や今後の注意事項の説明をされます。
このときは、次回呼び出し期日などは指定されません。
1回目の出頭から1～2か月後に、また連絡があり、何月何日に出頭するよう指示されます。
在留特別許可の結果が出るまでは1～2か月おきに出頭要請や、電話連絡と調査があります。これが、最終結果が出るまで何度も続きます。

【図表 41　陳述書】

陳　述　書

1　申告者（手続を受けている外国人本人）の身分事項

国　　　籍

本国の住所

出　生　地

日本の住所

電　　　話　　（自宅）

携帯（申告者）　　　　　　（配偶者）

日本での職業

氏　　　名

生 年 月 日　　　　年　　月　　日生　（　　歳）

性　　　別

2　違反事実

ア、私は、在留資格………及び在留期間…………で在留していたところ、その最終在留期限である………年……月……日を超えて不法残留しています。

イ、私は、………年……月……日、有効な旅券又は乗員手帳を所持しないで、…………国…………から…………で…………に到着・上陸し、不法入国（上陸）しました。

ウ、私は、………………年……月……日　、…………………国……………から………………で

…………………………………………に到着・上陸し、その際有効な旅券を所持していましたが

当初から同真正旅券を使って上陸の許可を受けるつもりもなく、不法入国しました。

3　入国目的

稼働、観光、就学、病気治療、研修、興行、同居、親族訪問、その他……………………

4　違反理由

5　関連者の有無

有（　　人）　無

6　入国時の交通手段

航空機、船舶（密航船、貨物船、漁船、コンテナ船、タンカー）

その他………………………………、不詳

7ブローカー介在の有無

ア　有（本邦外：国籍　　　　　　）・（本邦内：国籍　　　　　　）

無

イ　上記で「有」とした場合、その手数料及び介在状況（ブローカーに何をしてもらったか）

8　婚姻について

知り合って婚姻に至った経緯

最初に知り合った時期　　　　　　年　　月　　日

最初に知り合った場所　所在地

名　称

知り合い交際するようになった経緯

同居年月日　　　　　年　　月　　日から

同 居 場 所

日本における婚姻届出

届出年月日　　　　年　　月　　日

届出を提出した市区町村役場名

届出に書いた証人の氏名　　　　　　　　　関係

関係

本国への婚姻届出　　有　　　無

届出年月日　　　　年　　月　　日

届出先

9　勤務先等

申告者

勤務先

所在地

電　話

月　収　　　　　　　　円

配偶者

勤務先

所在地

電　話

月　収　　　　　　　　円

１０　申告者の最終稼動先

ア　所在地（都道府県）：

イ　業種　：

ウ　稼動内容　：

エ　報酬（日額換算）：

オ　報酬総額　：

カ　稼動動機　：

キ　雇用主の国籍　：

ク　暴力団関係の有無　：有・無

ケ　従業員数　：日本人　　名　外国人　　名

１１　家族・親族状況

【日本国内にいる申告者本人の子・父母・配偶者の父母・兄弟】

居住地及び電話番号	続柄	氏名	生年月日	職業	交流の有無
住所 電話番号			年 月　日生 (　　歳)		有・無
住所 電話番号			年 月　日生 (　　歳)		有・無
住所 電話番号			年 月　日生 (　　歳)		有・無
住所 電話番号			年 月　日生 (　　歳)		有・無
住所 電話番号			年 月　日生 (　　歳)		有・無
住所 電話番号			年 月　日生 (　　歳)		有・無

【日本以外の国にいる申告者本人の子・父母・兄弟等】

居住地及び電話番号	続柄	氏名	生年月日	職業	交流の有無
住所 電話番号			年 月　日生 (　　歳)		有・無
住所 電話番号			年 月　日生 (　　歳)		有・無
住所 電話番号			年 月　日生 (　　歳)		有・無
住所 電話番号			年 月　日生 (　　歳)		有・無
住所 電話番号			年 月　日生 (　　歳)		有・無
住所 電話番号			年 月　日生 (　　歳)		有・無

12　履歴

【日本に入国する前の学歴・職歴・婚姻歴等】

年	月	記　　事	備　考
		卒業 中退	最終学歴
		で として働く	職　　歴
		で として働く	
		で として働く	
		で として働く	
		で として働く	
		人 と結婚	婚　姻　歴
		人 と離婚	

【今回日本に入国した後の学歴・職歴・婚姻歴等】

年	月	記　　事	備　考
		卒業 中退	最終学歴
		で として働く	職　　歴
		で として働く	
		で として働く	
		で として働く	
		で として働く	
		で として働く	
		で として働く	
		人 と結婚	婚　姻　歴
		人 と離婚	

１３　その他

過去における入管法違反の有無及び回数

有（　　　）回　　無

今まで又は現在、日本の警察で取調べを受けた事実の有無

有（　　　）回　　無

以上記載の内容に間違いありません。

年　　月　　日

＿＿＿＿＿＿＿＿＿＿＿＿＿＿＿＿＿印

【図表42　申告書】

申 告 書

法務大臣殿

1　申告者の身分事項

氏　　名 ＿＿＿＿＿＿＿＿＿＿＿＿＿＿＿＿＿＿ 男・女

生年月日 ＿＿＿＿年＿＿＿月＿＿＿日

国　　籍 ＿＿＿＿＿＿＿＿＿＿＿＿

居 住 地 ＿＿＿＿＿＿＿＿＿＿＿＿＿＿＿＿＿＿＿＿＿＿＿

2　違反事実

……………………………………………………………………

……………………………………………………………………

……………………………………………………………………

3　申告の理由

……………………………………………………………………

……………………………………………………………………

……………………………………………………………………

……………………………………………………………………

以上のとおり間違いありません。

年　　月　　日

申告者本人署名 ＿＿＿＿＿＿＿＿＿＿＿＿＿＿＿＿＿＿

第8章　今後のために

1　在留期間の更新

「日本人の配偶者等」の在留資格は、「6か月」、「1年」、「3年」または「5年」の在留期間が定められています。つまり、必ず期限があり、期限に近づけば更新しなければならないということです。更新は、必ず忘れないようにしてください。「日本人の配偶者等」の更新手続は、期限の3か月前からできます。ギリギリになって慌てないように余裕をもって申請手続をすることをおすすめします。

更新手続前に、無職になってしまった、単身赴任で別居してしまっている、事情により海外に長期出国していた等の事情がある場合は、手続がスムーズにいかない場合もありますので、注意が必要です。

ケーススタディ①　日本人の夫が無職なったが配偶者ビザの更新は大丈夫？

結婚直後に、新規で「日本人の配偶者」の在留資格を取得したときは、日本人夫にはちゃんと仕事があったが、今回の更新の直前に無職になってしまった場合を考えてみたいと思います。

在留資格「日本人の配偶者」の審査項目は、次の3つです。

①　結婚の信ぴょう性

②　結婚の安定性
③　結婚の継続性

そのため、「安定性」という意味で、日本人夫が無職になった場合は問題になります。

ただ、結婚の信ぴょう性、継続性については何も問題がない場合は、夫がたまたま無職になった時期と更新の時期がかぶってしまった、という1つだけの理由で不許可になることはないと判断します。

ただし、外国人配偶者の収入や一家の預貯金で現在は生活ができること、また、持ち家の方の場合は家賃がかからないなどをしっかり説明するようにしましょう。

もし、全く収入や預金がない場合は、親族から援助を受けられるなどの説明をして、さらにその立証資料を共に提出するのがよいでしょう。また、無職であっても、仕事を探している状況があれば、ハローワークで求職の登録をしているなどの説明をすべきと判断します。

基本的に、無職の場合でも、「何の説明もなしに」更新の申請を出すことだけは避けるべきです。

ケーススタディ②　別居や離婚協議中の配偶者ビザ更新はどうする？

別居や離婚協議中である外国人で、更新期限が迫っている場合に、更新申請に当たり重要なのは、出入国在留管理局の担当官に事情を詳細に説明しなければならないということです。

離婚調停、離婚裁判中であれば、判決が確定するまでは、「日本人の配偶者等」の在留資格を更新し続けられると判断します。

もちろん、裁判所での進捗状況は、各書類・資料とともに出入国在留管理局に説明しなければならないのはいうまでもありません。

身元保証人は、おそらく日本人配偶者に頼むことはできないと思いますので、友人等にお願いしても有効です。

別居についても、正当な理由があって別居しているのであれば、更新は認められるはずです。

ただし、理由なき別居は、「日本人の配偶者等」の在留資格更新は難しくなってきます。

2　外国人配偶者の連れ子を呼びたい

日本人と国際結婚した外国人配偶者の「連れ子」を本国から呼び寄せる場合

日本人と国際結婚した外国人配偶者の「連れ子」を本国から呼び寄せたい方もいらっしゃるかもしれません。外国人配偶者が日本人と結婚する前の、前の配偶者との間にできた外国籍の子どもが母国にいて、その子を日本に呼び寄せたい場合です。

この場合は、「定住者」という在留資格を申請することになりますが、申請条件となるのは、子供は未成年で、未婚であることが条件です。

したがって、20歳以上になっている場合は、定住者ビザでは日本に呼べません。また、基本的に子供の年齢が高くなるほど呼び寄せの難易度が上がります。一般的に、高校卒業の年齢、つまり18歳になった子どもは、未成年ではありますが、自分で生活できる能力があると判断されやすく、申請しても不許可になりやすい側面があります。つまり、親に扶養されるのではなく、就労目的での来日ではないかと疑われるということです。

未成年の連れ子を呼ぶ

「日本人の配偶者等」のビザを持つ外国人の方で、日本人と結婚する前、本国で結婚をしていた場合に、その方のとの間に子供がいる場合があります。「前の配偶者との間の子供（連れ子）を日本に呼べますか」という質問をいただくことがあります。

答えは、その子が未成年で、未婚であれば、「定住者」のビザで日本に呼ぶことが可能です。その場合、外国籍の子どもは、日本に来た後、学校はどうするのか、また日本人の夫はどのように養育にかかわっていくのか（例えば、養子に入れるのかどうかなど）、今後どのような計画があるのかを具体的に出入国在留管理局に説明した文書を提出できれば許可になると思います。

申請のポイント

未成年（19歳まで）で、未婚であることが条件です。20歳以上は、定住者で呼べません。また、どもの年齢が高くなるほど難易度が高くなります。

審査上の注意点

連れ子を日本に呼ぶ場合は、日本側の経済状況(扶養できる十分な資力があるか)が審査されます。また、連れ子に対する今までの扶養実績も厳しく審査されます。

例えば、今まで全く扶養していなかった場合は、なぜ急に日本に呼ぶのかという疑問を持たれるので、これに十分に説明することが必要です。

単に家計を助けるために、アルバイトできる年齢になったので日本で仕事をさせたいと考えて呼ぶのではないかと判断されがちですので、そう判断されてしまえば不許可となります。

定住者ビザの申請では、今までの子供の養育に関する経緯の説明、養育の必要性、今後の養育・生活設計（例えば、日本で一定の期間扶養し、高い水準の教育を受けさせる）等を申請理由書で主張することがポイントとなります。

また、扶養を受けて生活するという要件がある以上、基本的には、両親と住所は一致していることが前提となります。

20歳以上の連れ子を呼びたい

日本人配偶者と結婚する前の配偶者（外国人）との間にできた子どもを呼びたい場合に、その子供が既に20歳以上（成人）になっている場合です。

「20歳以上の子供を日本に呼んで一緒に生活することはできるのか」という質問を受けることがありますが、20歳以上になった場合は、「定住者ビザ」では日本に呼べません。

成人した場合は、定住者ビザの適用外となります。日本に来たい場合は、短期滞在（親族訪問）、日本語学校・専門学校・大学等への留学、日本人と結婚、日本で長期の在留資格を持っている外国人と結婚、会社を設立して経営管理ビザの取得をする方法が考えられます。ただ単に日本に来たい場合に、結婚や会社設立は現実的な話ではないとは思いますが…。

3　外国人配偶者の親を呼びたい

外国人配偶者の親を長期で日本に呼ぶ場合、残念ですが、現在の入管法には該当するビザ（在留資格）がありませんので、親のビザを取得するのは難しいのが現状です。

しかし、過去の例で、親族訪問（短期滞在）90日で来日して、「特定活動ビザ」に変更したケースがあります。これは法務大臣の特別の決定によるものであり、簡単には認められませんが、次のポイントを満たしている方は、許可の可能性があるので、チャレンジしてみる価値はあります。

・親が65歳以上で1人暮らしであること（配偶者がいない）
・親の面倒を見る親族が本国にはいないことを証明できること

・親を監護できるのは日本にいる子（招聘人）だけであること
・実親を監護するに十分な金銭的資力を有していること
本国に親の親族がいて面倒をみることができるような場合には、「特定活動」での在留を認めてもらうのは困難です。なお、最近は、審査がさらに厳しくなり、70歳未満の場合はよほどのケースでない限りは変更を認めていないようです。

4　外国人配偶者の永住許可を取りたい

日本人と結婚した外国人は、今後も日本で生活していくに当たり、「永住者」という在留資格を取ったほうが何かと便利です。

永住を取るメリット

永住ビザを取るとどんなメリットがあるのか。永住許可を取る2つのメリットについて説明したいと思います。

①　在留期限がない

普通、日本人の配偶者ビザは、期限が1年とか3年とかですが、永住ビザを取ると、在留期限がなくなります。期限がないということはずっと日本に住めます。

また、更新の手続が以降ずっと不要です。それまでは1年に1回、または3年に1回、更新の手続のために出入国在留管理局に行く必要がありましたが、永住許可後は更新手続が不要になるのは一番大きなメリットです。

② 万が一離婚や死別しても日本にずっと住むことができる

日本人の配偶者のビザを持っている外国人は、日本人と離婚や死別したらビザが更新できなくなってしまうので、通常、日本に住み続けたい場合、就労ビザや定住者ビザなどに変更しなければなりませんが、永住を先に取っておけば、ビザに関しては手続は何も必要ありません。

また、離婚や死別したからといって、永住が取り消されることはありません。

永住の条件

永住ビザが取れるかどうかは、「永住許可の条件」を正しく理解する必要があります。条件がOKだったら永住ビザは取れますし、条件がダメなら申請しても不許可という結果になります。

許可の要件が一番重要です。日本人の配偶者である外国人が永住を申請する場合の条件について説明します。

① 居住歴

日本人と結婚している外国人は、「結婚して3年以上経過＋日本に1年以上住んでいること」でOKです。

日本人と結婚している外国人は、通常、申請に必要な10年日本に住んでいなくてもOKです。「結婚して3年＋日本に1年住んでいる」ことで永住許可の条件はOKです。

② 今持っている在留資格の期間が3年以上であること

在留資格は、6か月、1年、3年、5年とありますが、3年以上の在留を持っている必要があります。1年の人は、永住は申請できません。3年か5年の在留期間を持っている必要があります。

③ 生計要件

これは、安定した収入はありますかという意味です。貯金が多いか少ないかはあまり関係なく、貯金より年収のほうが大事です。年収が300万円以上ないと、許可の可能性がかなり低くなります。

年収は、世帯年収でもOKです。

④ 素行要件

素行要件で審査対象となるのは、税金と年金と健康保険と犯罪歴です。

今までの税金をすべて払っていることが重要ですので、もし住民税などに未払いがある場合は、必ず全部払ってから申請してください。

年金は、会社の厚生年金に加入していれば特に問題とはなりませんが、国民年金の方は、国民年金を支払っていることの証明書を提出する必要があります。国民年金を全く払っていなかった方は、永住許可に関してはかなり不利になります。最低過去1年分を支払ってから申請が必要で、その後も毎月支払いの都度入管に提出する必要があります。それでも不許可になる可能性があります。

　また、健康保険についても、勤務先で健康保険に加入している方は問題ありませんが、国民健康保険に加入している方は、保険料の滞納がある場合は許可が出ません。国民健康保険の保険料をしっかり納付していることの証明書の提出が求められます。

　次に、犯罪歴ですが、一番多いのは交通違反だと思います。車を運転する人は、交通違反をしたことがあると思いますが、軽い交通違反だと数回（3、4回）くらいだったら大丈夫です。これ以上だと不利になってくると思います。

　永住条件とは関係ないですが、注意しなければならないこととして、過去に提出した資料と今の資料に何か矛盾がないか確認することです。以前の就労ビザとか配偶者ビザの申請時に提出した資料と、今回の永住ビザの申請書類に何か矛盾があると、どっちが本当なのか入管はわかりませんので、不許可になる可能性が高くなります。

　まず、過去の申請も本当だったのかどうかを疑われますし、親切に「これはどっちが正しいんですか」なんて聞いてくれないと思ったほうがよいです。少しでも矛盾がある人は、矛盾を修正してから申請しなければなりません。

5　外国人配偶者の日本国籍を取りたい（帰化）

　外国人配偶者の方も日本の生活が長くなってくると、日本国籍を取得したいと思うようになる方も多いようです。日本国籍を取得できるかどうかは、「帰化の要件」を正しく理解する必要があります。

日本人と結婚している外国人の方は、帰化要件が少し緩和されます。緩和されているといっても、手続や書類が簡単になるわけではありません。手続方法は、普通の外国人と同じですし、日本人の夫とか日本人の妻がいますので、日本人配偶者側の書類もいくつか集めなければなりませんので、独身の外国人よりも提出書類は多くなります。

1　日本居住歴

通常、一般的な外国人の方の住居要件は5年以上日本に住んでいることですが、日本人と結婚している外国人は、「引き続き3年以上日本に住所を有し、現在も日本に住所を有している」ことで要件を満たすことができます。

例えば、留学生で3年日本に住んでいたとすれば、日本人と結婚した時点で帰化の要件を満たします。留学生であっても会社員であっても構いませんが、３年以上日本に住んでいる外国人は日本人と結婚した時点で帰化できます。

結婚してから3年待つ必要はありません。結婚してから3年待たなければならないと誤解している人が多いですがそうではないです。３年住んでいれば、日本人と結婚した時点で要件を満たせます。

もう１つ条件があります。「婚姻の日から3年を経過し、引き続き1年以上日本に住所を有していること」です。

これは、日本に住んでいる期間が1年しかなくても、結婚してから3年以上経過しているなら要件を満たしているということです。

例えば、海外で日本人と結婚した場合を考えてみましょう。日本人男性が中国に住んでいて、中国人女性と中国で結婚した場合、日本人と中国人が結婚して2年中国に住んで、それから日本に2人で引越ししました。来日してから1年日本に住めば帰化要件はＯＫです。

２　素行要件

これは、真面目な人かどうかです。きちんと税金・年金を払っていること。前科がないことです。

住民税は、会社から天引きされている方と、天引きされずに自分で役所に支払わなければならない方に分かれます。給与明細を見たときに、住民税が天引きされていれば問題ありません。ですが、会社が住民税を天引きしていない場合もあります。そういう会社に勤めている方は、自分で住民税を払わなければならないのですが、時々住民税を払っていない方がいます。払っていなければ、今からでも払えば問題はありません。必ず未納の分は全部払ってください。

住民税で注意してほしいのは、「扶養」についてです。自分の源泉徴収票を確認して見てください。

例えば、妻や夫がアルバイトをしている場合にも扶養に入れている場合があります。扶養に入れれば自分の税金が安くなりますから…。

しかし、アルバイトの収入が年間103万円以上だと扶養に入れることはできません。入れることはできなくても、時々入れてしまっていることがありますので、そのときは修正申告が必要になります。

扶養に入れるか入れないか基本的に自己申告なので、扶養に入れるべきじゃないのに入れてしまっていることがあります。これも修正して追加で税金を払えば問題ありません。

会社経営者や個人事業主の方は、個人の税金＋会社の税金もちゃんと払っていることが必要です。

次に前科がないことですが、簡単にいえば警察につかまったことがあるかないかです。

一番多いのは、交通違反だと思います。交通違反は過去5年間の違反経歴を見られます。5年以上前の違反経歴は基本的に関係ありません。5年前から今までの交通違反は何回ありますか。あまり多いと影響があります。

目安としては、5年間で5回以内だったら大丈夫です。それより多くても、駄目ではありませんが、法務局の人にいろいろ言われると思います。これは、法律で何回違反したらダメと決まっているわけではないので、判断は難しいです。しかし、5回以内なら普通大丈夫です。

交通違反以外で警察に捕まった人は、とても少ないと思いますが、いると思います。例えば、街の中でケンカしたとか、万引きしたとか…。

しかし、裁判とかになっていなければ、ほとんどのケースで問題にはならないでしょう。

２０１２年７月の法改正で、年金を払っているかどうかがポイントになりました。会社で厚生年金に加入していて、給料から天引きされている人は何も問題ありませんが、厚生年金に入っていない会社に勤めている方もいると思います。そういう人は国民年金を払っている必要があります。外国人の方は、全然払っていないという人も多いです。そういう人は、直近１年分は払ってください。とりあえず直近1年間の国民年金を払えば、帰化は現時点では大丈夫です。１か月１万５千円くらいですから、1年だと18万円くらいになります。

会社経営者の方は、会社として厚生年金に加入して保険料を払っていることも条件となります。

３　生計要件

日本人と結婚している外国人の方は、無職でも大丈夫です。主婦とかですね。そのかわり日本人の旦那さんが生計要件を満たしている必要があります。

生計要件は、一緒に住んでいる家族の収入で生活するのに十分なお金があるかということです。よく「貯金はいくらあれば大丈夫ですか」と聞かれますが、貯金は多くても少なくても実はあまり関係ありません。

それよりも安定した職業についていて、毎月収入があることのほうが重要です。急に自分の口座に１００万円とか２００万円とか入れないでください。

毎月の給料は、会社員の方は最低月18万円以上あれば問題ありません。会社経営者の方は、役員報酬ですが、これも毎月18万円くらいでも許可がおります。

4　喪失事項

日本に帰化したら、自分の国の国籍を失うことができることです。日本は2重国籍認めていません。国によっては、兵役義務がありますので、兵役を終わらなければ他の国に帰化できないのかどうかを、それぞれ母国、自分の国に先に確認をとったほうがいいです。

5　思想関係

これは、簡単にいえば、日本国を破壊するような危険な考えを持っていないことということです。テロリストとか。大丈夫ですよね。

6　日本語の読み書きができること

話せるかどうかではなくて読み書きです。レベルは、小学校3年生レベルです。日本語能力3級くらい持っていれば全く問題はないと思いますが、一応テストがあります。いかがでしたでしょうか。帰化の条件は確認できましたか。今、帰化の条件が大丈夫な人も、1，2年待たなければならない人もいたと思います。

帰化申請は、スタートから結果をもらうまで10か月から1年くらいかかります。

6　子どもが生まれた場合

日本人と外国人の間で子どもが生まれた場合、14日以内に区役所・市役所へ「出生届」を提出することになります。この点は、通常の日本人夫婦と同じです。子どもの戸籍は、日本人親の戸籍に入ります。日本人親の戸籍に入りますので、苗字は日本人親と一緒になります。

そして、子どもの国籍の問題ですが、日本人の親の戸籍に入れば日本人となりますが、さらに外国人親の国籍も取得しておきたい場合は、大使館や領事館に出生届等を提出し、外国人親の子として登録することになります。

これで、子どもは、パスポートが２つ持てることになりますが、日本の法律では二重国籍を認めていないため、22歳になるまでにどちらかの国籍を選択しなければなりません。逆に言えば、22歳になるまでは二重国籍でいられます。選択をしない場合は、日本国籍を失う場合もあるのでご注意ください。

7　外国人の年金の基礎知識

今後、長年にわたって日本で生活する外国人配偶者にとって、年金について基本的なことは知っておいていただきたいと思います。

国民年金は、「日本に住んでいる」20歳以上60歳未満のすべての方が加入し、年金を支払う義務があります。ポイントは、「日本に住んでいるなら」国籍は問わないということです。したがって、外国人も国民年金を支払う義務がありますし、将来年金を受け取る権利もあります。

ただし、外国人本人が会社に勤めていて「厚生年金保険」に加入している場合は、「国民年金」は支払う必要はありません。

また、外国人が主婦などで働いていない場合に、日本人配偶者が会社で厚生年金に加入している場合は、外国人配偶者は「3号被保険者」に該当し、年金を支払う必要がなくなります。支払いがなくても3号被保険者として将来年金は受け取れます。

会社に勤めていても厚生年金に加入していない場合は、もちろん国民年金に加入し、支払い義務があります。

自動的に自宅に年金の支払い納付書が送られてきていれば、コンビニ等で支払えばよいですが、送られてきていない場合は、国民年金にそもそも加入されていない可能性が高いので、最寄りの年金事務所か、または区役所・市役所の国民年金の係に問い合わせてみましょう。

外国人配偶者が母国に帰りますが、年金の払い戻しはされますか。

長年日本に住んでいた外国人配偶者が、一身上の都合により母国に帰るというようなことになった場合に、今まで払ってきた厚生年金保険や国民年金はどうなるのでしょうか。

厚生年金にも、国民年金にも脱退一時金という制度があります。転出届を提出した上で、海外に出国した外国人は脱退一時金を請求することができます。

脱退一時金を請求できるのは、転出届を出し、さらに再入国許可期限を経過してからです。つまり、「在留資格」は必ず喪失します。

そして、再入国許可の期限が切れてから2年以内に請求する必要があります。もう日本に戻らないというのであれば、脱退一時金を請求すればある程度の額が戻ってくるので、請求を忘れないようにしたほうがお得です。

8　「再入国許可」と「みなし再入国許可」

「再入国許可」とは、出入国在留管理局に対して「再入国許可申請」をしてもらえるものです。外国人というのは、日本に在留している場合は、既に何らかの「在留資格」を持っているものですが、いったん出国すると、せっかく取った在留資格でも消滅してしまうのが原則です。

一時的に出国する場合は、日本出国前に「再入国許可」を取っておくことによって、再入国しても現在の在留資格が消滅しないようにできます。

既に日本での長期滞在の在留資格を持っているのに、一度出国したぐらいで消滅してしまっては大変です。再度、同じ在留資格を取り直すといっても手続が面倒な上、時間もかかります。

2012年に「みなし再入国許可」という制度が新設されました。この制度のおかげで、1年以内に日本に再入国する場合は、わざわざ出入国在留管理局へ行って再入国許可を取る必要がなくなりました。1年以内の期間で日本に戻ってくるなら、再入国許可を取っていなくても、再入国許可があると「みなす」わけです。

ですが、以前と同様に1年を超えて海外に行く場合は、ちゃんと再入国許可を取らずに日本を出国してしまえば、海外で1年経過したときに現在の在留資格が消滅してしまい、短期滞在以外では入国できなくなってしまいます。こうなると再度新規で大変な手間のかかる在留資格申請を行わなければならなくなりますのでお気をつけください。

特に、帰省出産・子育て、親の看病、仕事で海外駐在される方が長期出国になるケースが多いです。

外国人配偶者の一時出国とビザの関係

外国人配偶者が海外へ行く場合ですが、1週間や1か月くらいの期間なら、何の手続もなく日本を離れても大丈夫ですが、長期で日本を離れる場合は、ビザの点で注意していただきたいことがあります。特に3か月以上と、1年以上の長期で日本を離れる場合です。

① 3か月以上日本を離れる場合

3か月以上日本を出国する場合、「再入国許可申請」を出入国在留管理局に申請する必要はないですが、将来的に「永住許可申請」や「帰化申請」をしたいと思っている外国人の場合は、3か月以上出国すると、これまでの日本在留年数がリセットされます。

これはどういうことかというと、永住や帰化の申請は５年や10年など一定年数以上日本に住んでいることが申請の要件となっているのですが、３か月以上日本を離れていると、出国前の年数がカウントできなくなるということです。ですから、一時帰国出産や長期の海外駐在がある場合は、将来のために気をつけておきましょう。

②　１年以上日本を離れる場合

１年以上日本を出国する場合には、「再入国許可」を出入国在留管理局で取得する必要があります。

１年以内か１年を超えるかが、再入国許可が必要か不要かの境目になります。

再入国許可を取らずに１年を海外で過ごしてしまった場合は、現在持っている在留資格（ビザ）は自動的に無効になります。したがって、１年超えてから日本に来ようとするなら、日本人の配偶者ビザを再取得するか、短期の観光等でしか入って来られないということです。

9　もし申請が不許可になってしまったら

リカバリーの可能性は

出入国在留管理局への在留資格申請は、自分で申請した場合、不許可になることがよくあります。

事実、ご自身で申請した方が不許可になって当事務所へ相談に来るというケースも頻繁にあります。

出入国在留管理局は、許可にするか、不許可にするかについて広く裁量を持っていますので、申請すれば必ず下りるという性質のものではありません。それは、日本人の配偶者等ビザについても同じことがいえます。

自分と同じようなケースで、友人や知合いの方が許可になったとしても、自分の場合に全く同じケースであるということはなく、さらに申請書作成過程において記載内容、説明内容、添付書類はほとんど違うものになっているはずなので、同じく許可になるという保証は全くありません。

不許可になるパターンは、大きく分けて2つあります。

1つ目は、許可になるような事案ではなかった場合です。そもそも許可になる要件を満たしていないため、どう申請したところで無理で、さらには行政書士に相談したところで依頼さえ断わられてしまうようなケースだと知らず、申請してしまったケースが当てはまります。

2つ目は、本来は許可になるケースであるにもかかわらず、申請書作成において説明不足や誤解を生むことを記載してしまったり、書類不備で不許可になるケースです。

したがって、2つ目の場合であれば、筆者のような入管申請専門の行政書士に依頼することによりリカバリー（許可）できる可能性もあります。

一般的には、1度不許可になっていると、前回の申請内容が出入国在留管理局に記録されている以上、次回の再申請は難しくなります。ですので、不安な点がある方は、初回申請の段階から行政書士に依頼してしまったほうがスムーズに許可へ持っていけるという側面もあります。
しかしながら、それでも不許可になってしまった場合の対応をご説明いたします。

不許可の理由を調査する

不許可通知書が届いた場合に、その通知書には理由がほとんど書いてないため、本当の不許可理由がはっきりとわかりません。したがって、申請先の出入国在留管理局へ出向き、個室で審査官と対峙することになります。例えば、東京出入国在留管理局の場合は、永住審査部門へ行きます。

個室に入って不許可の理由を聞くことになるのですが、ご本人だけで申請した場合は、不許可に対するクレームをしたり、本当はこうだったと説明を繰り返したり、法的根拠に基づかない話を延々としている方がいらっしゃるようですが、これは意味がありません。既に不許可という決定がされている以上、その場で不許可が許可に覆されるということは１００％ありません。

最初の申請時にどの点がまずかったのか、もしくは日本人側も知らないような外国人配偶者に関する情報を出入国在留管理局が持っていたのかなど、冷静に情報を取っていく必要があります。

不許可の理由を聞く機会は、抗議をする場所ではありません。

また、こちらから積極的に審査官から情報を取っていく姿勢がないと、不許可の理由をすべて教えてくれない可能性もあります。不許可理由は１つのみではないことが多くあります。

特に大きい理由を１つ挙げ、それ以外の理由は説明を省略されてしまうことがあります。なぜなら、そもそも審査官は丁寧に不許可理由を教えなければならないという義務はないからです。したがって、特に大きい理由の1つを聞き出しただけで、その1つの不許可理由をリカバリーして再申請をしたとしても、他に不許可原因があるので再度不許可になります。

また、理由を聞きに行くと、最初に聞いていない別の不許可理由を提示される場合があります。ですから、初回に不許可理由を聞きに行くときにすべての理由を聞くようにしてください。

それと合わせて確認しておくべきこととしては、再申請に当たりどの点を修正して再申請すれば許可の見込みがあるかという審査官の見解を聞くことです。

出入国在留管理局には、不許可理由を逐一丁寧に申請者に説明すべきと思っていませんか。出入国在留管理局に説明責任はありません。酷といえば酷ですが、知識がない素人の申請者に対し、「どうすれば申請が通るかについて丁寧に解説する義務」は、出入国在留管理局にはないと考えていただいたほうがよろしいかと思います。

10 追加資料提出通知書が届いたときの対応は

出入国在留管理局へビザ申請が無事終わり、審査を待っていたところ、「追加資料提出通知書」なるものが届くことがあります。

追加資料提出通知書に書かれている内容は、出入国在留管理局に提出するよう定められている必要書類「以外」の書類です。

この「追加資料提出通知書」が届いてしまった場合は、しっかり対応することが必要です。中には、「何もやましいことはないよ！　私たちの正真正銘の結婚だぞ！」と開き直り、ちゃんと対応しない方もいらっしゃるようですが、その後の審査結果で許可・不許可を分けるものですので、きちんとした対応が必要になります。

なぜ、出入国在留管理局は「追加資料提出通知書」を送ってきたのか、その目的は書かれていませんが、2人の結婚がビザを取得するに当たり、適切な許可基準に適合するかどうかについて、より確認が必要なためだと思われます。

ご自身で申請した方で「追加資料提出通知書」が届いた場合は、自己流で対応すると不許可リスクを高めてしまうケースが多いですので、できることなら行政書士などの専門家に相談していただくようおすすめします。

11　在留資格の取消し

出入国在留管理局には、「在留資格取り消し」の権限があります。国際結婚に関していえば、「日本人の配偶者等」のビザも取消しの対象となります。どういう場合に取消しになるかというと、「正当な理由なく配偶者としての活動を6か月以上行わないでいる場合」です。

例えば、外国人配偶者が勝手に家を飛び出してどこかへ行ってしまい夫婦としての実体がなくなっている場合や、日本人と離婚後に「日本人の配偶者等」の在留資格該当性がなくなっているにもかかわらず、ほかの適切なビザに変更しないままでいる場合が当てはまります。

正当な理由があれば、取消しの対象にならないので、例えば、別居状態ではあっても、子の親権を巡って調停中であるとか、離婚訴訟中であるとかであれば、取消しにはなりません。そういう場合は、正当な理由があると判断されます。

12　配偶者に関する届出

配偶者に関する届出というのは、外国人本人が日本人と離婚または死別した場合に、その事由が生じた日から14日以内に届出しなければならない書類です（図表43）。

届出の方法としては、３つあります。

１つ目は、最寄りの出入国在留管理局の窓口に届出書と在留カードを直接持参する方法です。２つ目は、郵送で届出をする方法です。送付するものとしては、届出書と現に有する在留カードのコピー（表と裏）を同封して、封筒の表面に朱書きで「届出書在中」と記載し郵送します。３つ目は、出入国在留管理局電子届出システムを利用してインターネットにより届出をする方法です。なお、このシステムを利用する場合は事前に利用者登録が必要になります。

【図表43　配偶者に関する届出】

参考様式1の7（配偶者との離婚又は死別）
(Spouse: divorce / bereavement)

配 偶 者 に 関 す る 届 出
NOTIFICATION OF RELATIONSHIP WITH SPOUSE

① 届出人 Applicant

氏　名 Name ＿＿＿＿＿＿＿＿　性別 Sex　男・女 Male/Female

生年月日 Date of Birth　年 Year　月 Month　日 Day　国籍・地域 Nationality/Region ＿＿＿＿

住居地 〒 Address in Japan ＿＿＿＿＿＿＿＿

在留カード番号 Residence card No. ＿＿＿＿＿＿＿＿

② 届出の事由（該当するものを選んでください。） Item of notification (check one of the following boxes)

□ 配偶者との離婚 Divorce from spouse ⇩ Aを記入 to A below.

□ 配偶者との死別 Bereavement of spouse ⇩ Bを記入 to B below.

A 配偶者との離婚 Divorce from spouse

離婚年月日 Date of divorce　年 Year　月 Month　日 Day

B 配偶者との死別 Bereavement of spouse

死別年月日 Date of bereavement　年 Year　月 Month　日 Day

③ 届出代理人（本人以外の者が届け出る場合に記入） Representative or agent (in case of representative, agent or other)

氏　名 Name ＿＿＿＿＿＿＿＿　本人との関係 Relationship with the applicant ＿＿＿＿

住　所 〒 Address ＿＿＿＿＿＿＿＿　届出年月日 Date of notification　年 Year　月 Month　日 Day

④ 届出人（本人）の署名 Signature of the applicant

＿＿＿＿＿＿＿＿　年 Year　月 Month　日 Day

※届出人又は届出代理人の連絡先
Contact telephone number of the applicant, representative or agent
該当するものを選んでください。check one of the following boxes □ 届出人 applicant □ 届出代理人 representative or agent

電話番号 Telephone No. ＿＿＿＿＿＿＿＿　携帯電話番号 Cellular phone No ＿＿＿＿＿＿＿＿

※ 本書中，※のついた連絡先については，届出内容の確認のため，連絡させていただく場合があります。

著者略歴

小島 健太郎（こじま けんたろう）

さむらい行政書士法人　代表社員。

福島県会津市出身。1979 年生まれ。桜美林大学文学部英語英米文学科卒業。

行政書士・入国管理局申請取次行政書士。東京都行政書士会所属。さむらい行政書士法人代表社員。

専門分野：在留資格・VISA・帰化

アジア諸国・欧米など各国出身の外国人の法的手続を支援している。国際結婚手続は、日本人同士の結婚とは異なり、手続が複雑な上、入国管理局へ配偶者ビザを申請しなければならない。結婚手続と入管の制度は別の手続になるので、入籍したからといって必ずしも配偶者ビザが取得できるというわけではない。国際結婚が成立したからには、配偶者ビザ申請で失敗をすることは許されない。「許可」というお客様の満足のために、日々専門知識を駆使し、結果を出すことにこだわっている。日本のグローバル化を支援するのがミッション。お客様に言われてうれしかったことは、「小島さんのおかげで許可が取れました！」。年間無料相談実績 1,000 名以上。

さむらい行政書士法人 HP　https://www.samurai-law.com

国際結婚と配偶者ビザ申請に関しては、情報提供と代行サービス紹介サイト「国際結婚＆配偶者ビザ相談センター」https://www.samurai-law.com/marriage/ を運営。

改訂版　必ず取れる日本人の配偶者ビザ！　国際結婚手続ガイド
ー国別の国際結婚・入管手続

2015 年 12 月 10 日 初版発行　　2018 年 3 月 27 日 第 3 刷発行
2019 年 5 月 16 日 改訂版発行　　2024 年 4 月 2 日 改訂版第 2 刷発行

著　者　小島　健太郎　©Kentaro Kojima
発行人　森　　忠順
発行所　株式会社 セルバ出版
〒 113-0034
東京都文京区湯島 1 丁目 12 番 6 号 高関ビル 5 B
☎ 03（5812）1178　　FAX 03（5812）1188
http://www.seluba.co.jp/
発　売　株式会社 創英社／三省堂書店
〒 101-0051
東京都千代田区神田神保町 1 丁目 1 番地
☎ 03（3291）2295　　FAX 03（3292）7687

印刷・製本　株式会社 丸井工文社

●本書の内容に関する質問は FAX でお願いします。

Printed in JAPAN
ISBN978-4-86367-492-9